PSYCHOLOGY

幸福家庭心理学

OF

刘凤鸣◎著

HAPPY FAMILY

中国商业出版社

图书在版编目（C I P）数据

幸福家庭心理学 / 刘凤鸣著. -- 北京 : 中国商业出版社, 2020.1
ISBN 978-7-5208-1069-2

Ⅰ. ①幸… Ⅱ. ①刘… Ⅲ. ①家庭－社会心理学－通俗读物 Ⅳ. ①C913.11-49

中国版本图书馆 CIP 数据核字(2019)第 284281 号

责任编辑：杜辉

中国商业出版社出版发行
010-63180647 www.c-cbook.com
（100053 北京广安门内报国寺 1 号）
新华书店经销
三河市长城印刷有限公司印刷
*
710 毫米×1000 毫米 16 开 15.5 印张 185 千字
2020 年 1 月第 1 版 2020 年 1 月第 1 次印刷
定价：48.00 元
* * * *
（如有印装质量问题可更换）

自序

我们从出生到老去，谁能离得开家的怀抱？谁能挣得脱对家那永远不变的炽热情怀？小时候，家是母亲；长大了，家是父亲。我们就是被父母亲从鸟笼中放飞，却又被时时牵挂着的那只雏鹰，脆弱而又坚强，翅膀虽稚嫩，但却怀有崇高的理想。结婚后，家是妻子那温情脉脉的眼神，家是孩子那甜甜的醉人之吻。再往后，家是子孙绕膝的天伦之乐，是风雨同舟几十载的老伴的唠叨。

家庭是以婚姻和血缘关系为纽带，以父母、夫妻和子女为主要成员的生活共同体。在社会体系当中，家庭作为一种组织形式，具有生活、组织、管理等功能，是人们生活的基本场所，是人们生存、成长和发展的起点。家庭也与国家、社会紧密相连，它是国家的基础，是社会的构成细胞。

孟子曾说："天下之本在国，国之本在家。"家庭幸福则国家稳固、社会安定。幸福家庭是社会矛盾的"缓冲器"和"减震阀"，是衡量社会和谐的重要尺度；不幸福的家庭往往会加剧家庭成员之间的矛盾和冲突，影响社会的和谐与稳定。

对于任何人来说，家庭幸福都是做好工作的基础，它如同一汪清泉，会时时滋润着你的心田，给你再出发的动力。家庭和谐幸福，你工作时就会全身心投入，高质量地完成任务；家庭关系紧张，你工作时就会心猿意马，注意力不集中，容易出差错，甚至酿成无法挽回的损失。拥有一个和谐、温馨、幸福的家庭，是每个人的期盼，也是每个人的追求。

幸福家庭是人生永远的港湾，无论你遭遇了什么，只要还有家在，你的心便永远不会失去温度。只有拥有家庭，才能让心灵永远不孤独。

幸福家庭像车船，它默默无言地载着你和你的家人，纵横于高山平原、江河湖海。

幸福家庭更像一座大厦：爱是基石，深深地沉在心灵的深处，毫不动摇地承受着一切；宽容是墙壁，无论是严寒还是酷暑，都把你拢在温暖的怀中；尊重是屋顶，狂风、暴雨、寒霜、暑热统统被挡在外面；责任是房梁，横穿时间的始末，成为整个大厦的脊梁；积极是炉火，它使屋内四季如春，舒适宜人；知足是门窗，可以让你看到外面的风景，可以让你走向莺飞蝶舞的丰腴平原，走向日升月落的巅峰绝顶；赞美是吹进来的暖风，它可以使你如沐春光，可以使你更加自信地走向社会。

但是，生活中假如不懂幸福家庭之道，往往会造成家庭乐章的不和谐，甚至家庭破裂的情形也屡见不鲜。不少人家，婆媳关系、姑嫂关系、夫妻关系之间出现“冷冷热热”的现象，使自己离幸福、成就越来越远。于是，和谐、和睦的家庭关系常常成为了镜中花、水中月的奢望。

本着帮助大家收获幸福家庭的使命，本书共设计了十一章，从家庭幸福之道的内涵、本质、经营、管理、兴盛、矛盾处理等各个方面进行了全方位的系统阐述，同时，辅以一些拥抱幸福的秘笈，以及幸福家庭的哲思心语，让你轻松明白家庭幸福的“道”和“术”，让你在开卷以后，在体悟之中，建筑稳固理想的美好家庭。

本书能让你无论是在茫茫黑暗中，还是在冰天雪地里，充满祝福与爱的歌声永远萦绕在你的耳畔，给你带来希望，带来真正的温暖，成为你心灵的港湾、事业成功的后盾，以及取之不尽、用之不竭的幸福源泉。

刘凤鸣于上海交通大学
2018 年 7 月 21 日晚

目录

第一章

家必自毁，而后人毁之

《孟子·离娄上》：“家必自毁，而后人毁之。”《尚书·太甲》曰：“天作孽，犹可违；自作孽，不可活。此之谓也。”

一、家庭人类学、社会学的属性

关于家庭的定义，人类学家认为，家庭是一个由一个妇女和她所有的孩子以及至少有个通过婚姻或血缘关系加入该群体的成年男性所组成的群体。社会学认为，家庭是建立在婚姻和血缘关系基础之上的亲密合作、共同生活的小型群体，是社会的基本单位，是社会的细胞。类似定义的还有：家庭是以婚姻和血缘关系为纽带的社会生活组织形式。

家庭同时具有人类学、社会学的属性。人类学属性是指家庭赖以形成的不可缺少的自然前提或自然因素。它是婚姻家庭有别于其他社会关系的显著特征。男女两性的生理差别，人类固有的性的本能，是婚姻的生理学上的基础。通过生育而实现的种的繁衍和由此而形成的血缘联系，是家庭这一亲属团体的生物学上的功能。通过两性结合、生育行为而实现的人口的再生产，是社会可持续发展的必要条件。

家庭的社会学属性，是指家庭是社会的产物，而不是自然的产物。男女两性的生理差别，人类固有的性的本能和血缘联系等，只是婚姻家庭赖以形成的不可缺少的自然条件，而不是婚姻家庭本身。

家庭本身是一种人与人之间的社会关系，它是社会关系总和的组成部分，与其他社会关系具有密切的联系，反映了一定社会的生产方式和生活方式的客观要求。任何婚姻家庭都不是抽象的，不是脱离社会而存在的。它总是依存于一定的社会，具有一定的社会内容。

家庭作为人类社会中的一个普遍存在，对人类社会的发展进步会产生一定的影响，同时也赋予家庭本身显著的社会特征。这种特征主要表现在：

首先，家庭是一种最基本的社会生活单位。

家庭之所以被称为最基本的社会生活单位，是因为家庭无论在与人们的社会生活关系上，还是在社会发展中的作用上，都是最基本的。

家庭的这种基本作用，具体来说主要指两个方面。一是人们的生理、心理、精神等方面的基本需要都能在家庭中得到满足；二是家庭在物质资料的生产和人类自身的生产中发挥着基础作用。人类自身的生产是在家庭中进行的，对此毋庸置疑。

物质资料的生产在相当长的历史时期里，也是以家庭为单位进行的。直到今天，家庭在生产的某些领域和地区中，仍然发挥着重要作用。因此，从家庭在社会存在、发展中的作用来看，可以称之为一种最基本的社会生活单位。

其次，家庭是一种最初级的社会关系体系。

社会是由人们相互交往而形成的复杂的关系体系。相对于阶级、政党、国家来说，家庭是一种最初级的社会关系体系。

人一出生就置身于一定的家庭关系中，他（她）最先接触、最先体验的就是家庭关系，个人对家庭关系的感受、领会，会对其处理以后建立起来的各种社会关系带来深刻的影响。家庭关系不但是个人最早结合而成的社会关系，而且也是人类最早结合而成的社会关系。氏族、民族、阶级、国家等社会生活的组织形式都是在家庭的基础上随后产生的。

最后，家庭是一种社会制度单元。

社会制度是指存在于社会生活各个领域中的社会关系和社会活动的规范体系。政治制度、经济制度等是其中的分支。各种社会制度有机地结合在一起构成一个社会制度体系，为整个社会的活动和社会关系建立起一个稳定的框架，为社会协调有序地运转提供保障。

在社会制度体系中，家庭制度的地位和作用是十分突出的，通常被称为社会制度单元。在原始社会，伴随着家庭的产生，家庭制度就产生了，它是一种最古老、最原始的社会制度；自产生以来，家庭制度就以一个独立的单元出现，综合地、全面地发挥着制度的功能。

它所发挥的功能具体表现在：

第一，家庭制度保障人们社会生活的需要得到全方面的满足。家庭制度确定了男女之间、夫妻之间的关系，家庭制度规定了家庭成员的权利、义务、责任；也确定了成员的地位、相互关系。由此，从道德上和法律上保证了家庭生活各方面活动的正常进行。

第二，家庭制度提供了一种综合化的行为模式。这种模式不仅为人们在家庭生活中的各方面的行为提供了指导，而且也为人们进入社会生活各个领域提供了行为指导，为其顺利适应社会做了一定的准备。

第三，家庭制度是进行社会整合的基本要素之一。家庭制度的这种整合作用可以说是家庭本身的整合功能的强化，形成社会整合的基础。比如说，在家教比较严格的家庭中长大的孩子，能够较快地适应社会生活，能够较为自觉地遵守各种社会规范。

第四，家庭制度是传递社会文化的基本途径之一。家庭制度所确立的家庭生活形态使家庭在传递社会文化方面具有全面性的特点。这主要是指传递的内容丰富多彩，家庭会把包括社会价值标准、道德观念、理想、信念、目标、规范、技能等文化内容传递给新一代，使其初步具备在社会中生存的条件。

刘凤鸣谈幸福家庭：

◆家，是心灵的归宿。

◆家，就是对你永远开着的门；门，却不是人人都可以进入的家。

◆家居，时间越长情感越浓；客居，时间越长情感越淡。

二、家之于人的物质及精神含义

我们生活在一个物质的世界。人类从远古的蛮荒时代走到今天高度文明的时代，可以说须臾未曾离开过物质。

传说上帝在创造人类时，准备了两样东西以供原始初民选择，一样是物质，一样是精神。

上帝把这两样“东西”分别放在两张猪皮上面。看上去，“物质”的体量分明要比“精神”大了许多。上帝说：“选择你们所需要的东西吧，孩子们！”

一部分原始初民取走猪皮上的“物质”，扬长而去。另一部分原始初民径直走到“精神”前，捡起原先摆放“物质”的猪皮，覆盖在“精神”上面，连同“精神”下面的猪皮一同捧起，从容离去。

于是，选择“物质”的人，以攫取物质为唯一目的，绞尽脑汁，还要患得患失，忧心忡忡，成为物质的奴隶，甚至铤而走险，以命博财。选择“精神”的人，以进化、文明为目标，发现、探索、提炼、总结文化，开拓、引导、改造人类历史的进程，成为人类精神的倡导者。

选择“物质”的人取走的仅仅是摆放在猪皮上的物质，而选择“精神”

的人取走的却是有两张猪皮包裹的精神。其实，这个故事的寓意是，上帝的“猪皮”与其所摆放的东西是一个完整的体系，它的完整的表意是：我们的生存需要物质，但是我们不能纯粹地为了物质而生活。很多情况下，精神的愉悦远远胜过物质的享受。物质可以帮助人们“渡过”缺乏物质的难关，精神却可以鼓舞人们“战胜”缺乏物质的困难。

而物质与精神的完美结合，才是我们追求的最高境界。家，对于人而言，本质上是物质与精神有机统一的完整体系。

在价值多元化的社会，人们在婚姻中有多元的选择。“万般皆下品，唯有物质高”，也有悖“多元”的逻辑吧。如今，遭受婚姻不幸或家庭破裂厄运的多半不是那些“寒窑虽破，能避风雨”的贫贱夫妻，反而多是那些物质上富有、精神上却贫困的痴男怨女。大量婚姻成功的经验和失败的教训都表明，婚姻的物质条件并不是幸福的保证，真正的爱才是家庭牢固的基础，是家庭的精神力量、精神财富、精神归宿。

要知道，人不仅有肉体生命，有衣食住行方面的需求，也有精神生命和精神方面的追求。否则，高贵的人性就与赤裸裸的兽性无大区别了。西方有一句谚语，“人类不仅以面包为生”，说的就是这个道理。所以，人类要不断提高自己的精神境界。

新儒学大师方东美提出了“六境界说”，即物质世界—生命境界—心灵境界—艺术境界—道德境界—宗教境界。我们要把人的生命领域，一层一层地向上提升，这是文化与教育的最高理想。

冯友兰先生则提出“四境界说”，即“自然境界”“功利境界”“道德境界”和“天地境界”。其中，“天地境界”是最高的人生境界。具有这种境界的人，不仅重视“利用、厚生”，而更重于“正德”，不像小人那样沉于嗜欲，役于外物，争名于朝，争利于市，追求个人生活的快乐，而是追求人类的精神解放。他们已完全摆脱功利观念，进入那种不必有意按照道德规范行事也能保持尽伦尽职、行义利他的自觉状态，真正实现受拘的自我与自由的自我统一，是物质与精神的有机统一体。

物质与精神有机统一的人生才是最有价值的人生。懂得珍惜家，感恩家，爱护家，是使人在物质与精神上有机统一、实现人生价值的坚实基础。

刘凤鸣谈幸福家庭：

◆在所有人类群体中，家庭是最基本的单位。迈向交流的最初那几步是在家庭的背景中实现的。

◆家庭教授各种符号与意义规则，这些均是开展社会生活的基础。人们经常在家庭中学习词汇，弄懂符号、意义以及称呼。

◆家庭是力量的源泉。

三、家庭：人和社会的缓冲带

家庭是社会的细胞，是社会的基础，也是人和社会的缓冲带。无论是原始人，还是现代人，都有血缘关系相联系。无论是私生子，还是试管婴儿，都有父母可寻。早在原始社会末期，人类就已经有了家庭。尽管现代化使家庭模式产生了一些变化，但多数人仍然希望有一个温暖、幸福的家庭。正如台湾歌星潘美辰演唱的那样：我想有个家，一个不需要多大的地方，在我受惊吓的时候，我才不会害怕……这歌词生动地表达了每个人对幸福家庭的向往和追求。

在现代社会中，家庭只是整个社会大结构中的一个小结构。假如没有这个小结构——家庭的贡献，社会就会崩溃、瓦解。家庭成员在儿童时期就开始了社会化，以适应社会的需要，而不仅仅是为了自身的需要。现代的家庭，是文化广泛交流的家庭。家庭不是孤立、自我封闭的社会体系，社会是通过家庭来取得个人对社会的贡献。反过来说，家庭只有在社会的配合和支持下，才能得以继续生存下去。假如说这两种社会体系——大体系和小体系是相互依存的话，它们必然会在许多重大方面相互作用。

生产是家庭作为人和社会的缓冲带的第一方面。人们为了生存和发展，就必然尽量多地生产赖以生存的生活物资。家庭的起源，也是由于这一需要而产生的。现代家庭也是一个经济单位，即使它已不再是一个农作单位，人们实际上也在相互协作，生产商品，共同劳动，并开展服务。家务活，这种劳动在某种意义上讲，就是生产方式的另一种表现形式。其实家庭的生产职能也表现为社会劳动。也就是说我们每个成年的、具有劳动能力的家庭成员，都要参加不同形式的社会劳动。劳动是人们的第一需要，因而人们自觉、主动地去承担劳动的义务。

生儿育女、繁衍后代是人类延续、发展的重要条件，也是家庭作为人和社会的缓冲带的第二方面。生儿育女是通过家庭实现的，家庭又是通过婚姻实现的。只有合法的婚姻才能组织成家庭，才能生儿育女，繁衍后代，使劳动力得到源源不断的补充。家庭生儿育女的职能无论在什么样的社会条件下，都是存在的。家庭的巩固程度对人口自身的生产有重要影响。稳定的家庭对人口自身的生产，产生有利的影响；不稳定的家庭对人口自身的生产，产生不利的影响。

教育职能是家庭作为人和社会的缓冲带的第三方面。因为胎儿在母体内生长到一定阶段，要进行感知方面的胎教，如听音乐、有规律的运动等，使胎儿感知。待胎儿出生后一直到步入社会，要经过一个相当长的时期，这一阶段的教育，主要是以家庭为基本单位的。教育的形式又是多种多样的，如言传身教，摆事实讲道理，耳濡目染，听音乐，听广播，看电视，看报纸杂志等，都是现代家庭很好的教育方式。

第四方面，家庭有着消费的缓冲职能。消费能促进生产，生产又可以满足消费。消费的方式主要是通过提供给人们生活需求来进行的。家庭成员将各自的收入汇集于家庭之中，为满足家庭成员衣食住行乐等基本需求和享受需求，有计划地进行分配，使每个家庭成员从中得到消费的满足。这种功能为家庭的萌生创造了前提条件，也为家庭的发展奠定了基础。这种消费的功能也是维持家庭的生存条件。

第五方面，家庭还有着精神寄托的缓冲功能。人们的生活包括两个方面，一个是物质生活，一个是精神生活。物质生活是基础，精神生活是家庭存在的重要条件。两者是相辅相成、互为作用的。当人们的物质生活达到一定的丰富程度时，就要追求精神文化生活的享受。这可以说是生物的本能。更何况人是高级的生物，是有丰富情感的呢。这种精神追求和情感上的向往，是可以在家庭之中得到最为广泛的、最为全面的满足的。

比如家庭中的夫妻恩爱、父爱、母爱、隔辈人的厚爱等，双方都能从对方那里得到一种精神方面的寄托和情感上的享受。建立正常、和谐的人伦情感和精神寄托，可以使人愉快、延年益寿，同时，也有利于社会的安定和发展。

刘凤鸣谈幸福家庭：

◆家庭是人生的幸福天堂。

◆家庭是自己“人生的起点”。

◆家庭成员是一个共同体。

四、家道兴衰，根源在哪里

家道，是指一个家族的综合情况和发展趋势。好的家道是坚韧的种子，成功的阶石。反之，不好的家道却是成功的绊脚石，是失败之源。

古往今来，家道原本兴旺的家庭，在岁月的荡涤中，家道衰败的例子数不胜数。而有些家道衰落的家庭，后来却焕发出勃勃生机与活力，长久地兴盛了起来。究其根源，是因为家风的优与劣。

家风是一个家庭或家族的传统风尚，也就是人们常说的门风。家风体现一个家庭的文化内涵和生活的主旋律，是由家庭成员的个人形象、道德品质、爱好追求、人生观、世界观、价值观所构成，是一个家族成员自觉遵守的行为规范。生活中经常听到夸奖别人时称书香门第、将门之后，便是良好家风影响的结果。家庭是人的第一成长环境，家风是影响人的性格和品质的第一因素。家族的每个成员，都受到家风的耳濡目染和长期熏陶，有时家风甚至决定着一个人的命运。好的家风，兴家道，成就你的人生；不好的家风，则可以衰家道，可以毁掉你的前程。

我们许多党和国家领导人严于律己、艰苦朴素、虚怀若谷、热爱生活、忠于人民、忠诚家庭，他们开创的良好家风，为构建和谐社会树立了榜样。肖伟俐的《家风》一书记录了8位老一辈无产阶级革命家在为国操劳的同时，把一腔情感奉献给家人。他们通过对待家庭、教子育人的方法、理念，给我们每个家庭做出了楷模。

习仲勋为人坦诚、忠厚，他一辈子没有整过人并坚持真理不说假话，并一以贯之，这正像毛泽东说的，“一个人做点好事并不难，难的是一辈子做好事，不做坏事”。他注意教育孩子从小养成节俭的良好生活习惯，他言传身教，从点滴做起。他经常用“谁知盘中餐，粒粒皆辛苦”教育孩子，吃饭时掉在桌上的米粒都要捡起来吃掉，一丁点也不浪费，吃到最后还要掰一块馒头把碗碟上的菜汁擦干净。这种无声的教育，使孩子们都养成了不浪费一粒粮食的好习惯。孩子们的衣服和鞋袜大都是“接力”着穿，大的穿旧了，再让小的穿。

无论是白色恐怖的年代，还是极“左”路线时期；无论是受人诬陷，还是身处逆境，他的心中始终有一盏明亮的灯，永远坚持正确的前进方向。他像一头老黄牛，为中国人民默默地耕耘着。这也激励着孩子将自己的毕生精力投入到为人民群众服务的事业中，报效养育自己的锦绣中华和父老乡亲。

习仲勋经常教育孩子要靠自己的本事吃饭，鼓励子女到艰苦的地方去，到基层去，到祖国建设最需要的地方去。正是由于习仲勋的严格教育以及家庭的耳濡目染，他的子女都自立、自强，无论是在逆境中还是在顺境中，都经受住了考验，成为党和国家的有用之才。

国外有这样一个关于家风的典型案例。爱德华和珠克是两个同时代的家长，因为个体的差异，形成不同的家风，影响后人至8代而不绝。爱德华是博学多才的哲学家，勤奋好学，为人严谨，为子女树立了良好的风范。他的子孙中有13位当过大学校长，100多位是教授，80多位是文学家，60多位是医生，还有一位当过副总统。而珠克是远近闻名的酒鬼和赌徒，毕生玩世不恭，浑浑噩噩，无所事事。他的子孙有300多人当过乞丐和流浪者，400多人酗酒致残或夭亡，60多人犯过诈骗和盗窃罪，7个人是杀人犯，总之没有一个是有出息的。

当然，这样的案例有它的特殊性。现实中也不尽然老子英雄儿好汉、老子调皮儿捣蛋，但是纵观历史，家风有着鲜明的继承性：好的家风是家庭中的传家宝，可通过家庭教育，一代代传递给后代，使后代人继承和发扬光大。家风之所以有着继承性，主要是由下列原因决定的：

第一，家庭成员有着代际继承性。由于家庭这个特殊的社会生活组织是一个人口繁衍的单位，因此各个家庭的成员有着特有的代际继承性。翻一翻各个家庭、各个姓氏的家谱便会看出，每一个家庭都有其来源，是代代相继的。这种家庭中的代代相继，不仅是生命的代际相继，在不少家族、家庭中还有着文化的代代相继。这种文化的代代相继一般虽不可能追溯得很远，不能追溯到多代，但一般来说，两三代人之间的文化传统的相继往往是普遍的，子辈受父辈、孙辈受祖辈的影响都往往是鲜明的、普遍的。

第二，家庭教育是家风得以继承的桥梁。家风要使家庭中的后人得到继承，没有其他的道路，只有通过家庭教育来实现、来完成。因此家庭教育是家庭中的后人继承家风的唯一通道和桥梁。在正常情况下，上一辈人总是希望把自己所掌握的知识、技能、本领以及前人留下来的精神财富通过家庭教育传授给自己的后代。家庭教育也就具有这种在家庭中代际间传递知识、本领、技能的功能，其他则无这种功能。

我们中国是有着优秀文化传统并重视优秀文化传统的国家。优秀的东方文化传统是我国的国粹。在我国，众多的家庭也有着优秀的家风和家传。这些优良的家风和家传，是我国优秀文化的重要组成部分，它们体现着中华民族的优秀品质和智慧，是子孙后代应该很好地继承的宝贵精神财富之一。为了使中华民族的美好品德和前人留下的多方面的宝贵的精神财富得到继承和发扬光大，我国人民世世代代都应该重视家风的继承性，发挥家庭教育的桥梁作用，通过家庭教育，使好的家风得到继承，使中华民族的优秀文化和东方文明不断发扬光大。

随着现代科学的发展和对外交往的不断扩大，还应该注意批判性地吸收现代科学成果及世界上其他国家和民族的长处，形成更多、更新、更好的家风，通过家庭教育的作用，传给后代，使家道昌盛，使中华文明不断得到新的发展。

刘凤鸣谈幸福家庭：

◆家道展示家庭发展水平，家道是人生努力及成果的晴雨表。

◆对于一个家庭来说，家道是走向兴旺还是走向败落，很大的一个决定因素就在于是否具有勤俭节约的家风。

◆文明家风是家庭伦理道德的升华。

五、家庭精神的塑形及维护

家庭不仅是社会的细胞，而且还是社会的“调节剂”。当我们在社会上遇到问题，在工作单位受到挫折，或心情郁闷时，总是要回家“念叨”或发泄一下，以得到家庭的支持理解及解决问题的措施。这种精神安慰和帮助十分重要，可维持一个人的心理平衡，使不良的心理影响降到最低限度。家庭“精神支柱”的功能，是一般外在作用所不能代替的。

当然，“精神支柱”所起的应是正面的、积极的作用。假若夫妻关系紧张，家庭成员感情不和，这样的家庭很难起到“调节剂”的作用，不“内外夹攻”“火上浇油”就不错了。一个矛盾重重、危机四伏、争吵一触即发的家庭，难免使人陷入“内外交困”的境地。这样的家庭对各成员的身心健康都是有害的。那么，怎样进行家庭精神的塑形及维护呢？这正是以下所要谈到的。

第一，保持良好的家庭气氛。良好的家庭气氛对家庭各成员的身心健康十分有益。孩子们从小生活在这样的家庭中，能够受到潜移默化的熏陶，对其成年后组成的家庭，亦有积极的示范作用。怎样才能保持良好的家庭气氛呢？

1. 家庭成员之间能够相互尊重，任何人在任何时候和任何情况下，都不使用污秽语言。当某一成员说话时，其他人都能认真听取，哪怕说得不对或不合己意也要听其讲完。不要用“得得得，你别说了”之类的语言，去阻止别人说话；对孩子提出的各种问题，父母应耐心地给予回答，不可用“我太忙，没时间跟你啰唆”之类的话训斥孩子。

2. 家庭成员之间要经常交流思想，沟通情况，使每个成员对家里其他人在工作单位的情况，有较全面的了解。孩子在幼儿园、学校的基本情况，父母亦应掌握。

3. 家庭中也要发扬民主，对较重大的问题要一起商量决定。如购置贵重物品、新添家具、迁居等，应取得一致的意见，不要用“你们不用管，我说了算”的态度取代家庭民主。

4. 对于孩子的兴趣爱好，父母不要过多地限制和干预，孩子不对的地方，父母要给予正面引导。对子女的择偶、婚姻等，父母亲不要过多干涉，确属不当，亦应给予启发教育。“不许你和他搞对象，要不我就不认你”，诸如此类的急话和气话，不利于解决问题。若一时冲动将子女撵出家门，往往会造成不堪设想的后果。

第二，维护和睦的夫妻关系。夫妻关系是家庭关系的核心。无论是大家庭还是小家庭，和睦的夫妻关系是十分重要的。夫妻关系不和，家庭其他人际关系亦很难融洽。怎样才能有一个和睦的夫妻关系呢？一般来说可概括为以下“四要”：

1. 要相互适应，相互理解。夫妻双方可能有不同的社会经历，不同的文化程度，不同的脾气性格和生活习惯，对各种事物可能有不同的看法。若夫妻双方能够相互体谅，相互适应，包容对方，关系会很融洽的。那种以自己的思想意识、生活习惯去“改造”对方的想法和做法，只会把夫妻关系搞坏。

2. 遇事商量，经济平等。当然，这不是说一切琐碎小事都要商量，而是说一些较大的事。如购买彩电、冰箱、洗衣机，小儿入托、孩子上学、外出旅游的日程安排等，夫妻双方要好好商量，取得一致的意见，不要自己说了算，使对方处于“服从”的地位。

经济平等，是说夫妻双方对家庭收入有平等的支配和使用权。女方的“妻管严”和男方的“小金库”都不利于夫妻关系。

3. 对家庭义务要各尽所能。夫妻双方要共同承担家务，但不可能是“平均分配”。一方可能由于工作繁忙，家务干得少些，另一方自然要干得多一些，双方不要斤斤计较。男女平等是无可非议的，但一般来说，女方会较多地料理家务，照顾孩子。作为丈夫要体谅妻子，尽可能地多承担一些家务。

4. 要正确对待争吵。在家庭生活中，夫妻之间出现意见分歧是难免的，发生一些争吵也是正常现象。一旦出现争吵，要注意就事论事，“既往不咎”，要针对所争执的问题说开了就可以了。夫妻之间的争吵也不必“是非分明”。事实上，家庭中的事很难说清楚的，不是可以简单地用“是”与“非”来划分的，只要把问题说开就可以了。即使当时看法不一致也不要强加于对方。这样，双方对所争执的问题都有一个冷静思考的时间，往往能够达到一致的看法。夫妻发生争吵后要和好如初，不要耿耿于怀，将不满情绪郁积在心头。怨恨、气恼在心，往往形成下次争吵的导火索。如此往复，形成恶性循环，没完没了的争吵将形成难以愈合的感情裂痕。长此以往，夫妻之间的感情会荡然无存。这是要注意避免的。

人们大部分时间是在家庭中度过的。因此，家庭精神对人们的心身健康有很大的影响。只有善于塑形及维护家庭精神，才会拥有良好的家庭气氛及家庭成员之间和谐的关系，使人心情舒畅，增加工作、学习的信心和战胜困难的力量，拥抱幸福和成功。

刘凤鸣谈幸福家庭：

◆家庭中成员所承担的角色，是建立在彼此信任、尊重、自觉和相互协助、互相依靠的基础之上的。这就给家庭精神卫生的健康奠定了良好的基础。

◆家庭精神财富在家庭的大量精神财富中占最重要的地位。

◆家庭“精神污染”是指家庭存在着消极、低级、不健康的生活情调和文化氛围，而这些情况往往又容易被人们忽视，成为直接危害成员身心健康的“隐形杀手”。

六、家庭成员的使命、义务及责任

在中华民族的传统中，使命、义务及责任是不可或缺的一种成分，是“民族之魂”。那些名垂青史的人物往往也正是使命、义务及责任的最佳诠释者；而那些不能尽使命、义务及责任的人则成了“反面教材”，让人们在提及他们的时候无不嗤之以鼻。

家庭使命、义务及责任心是维系家庭的必要条件。在家庭中个人身份不同，他的使命、义务及责任也有所不同。幸福和睦的家庭的成员往往都拥有很强的家庭使命、义务及责任心。家庭拥有的物质利益必须建立在夫妻使命、义务及责任心的基础上，否则，即使家庭拥有的财富再多，夫妻没有家庭使命、义务及责任心，子女和家庭同样会衰败下去。

家庭使命、义务及责任心就是人们常说的家庭使命、义务及责任感，是指个人对家庭、对自己和对他人所负的使命、义务及责任的认识、情感和信念，以及遵守规范、承担使命、承担义务、承担责任和履行义务的自觉态度。

关于家庭使命、义务及责任的分类，从家庭成员使命、义务及责任主体来说，有妻子、丈夫、夫妻共同体、长辈、长辈对年轻夫妻、年轻夫妻对长辈、夫妻对子女的家庭使命、义务及责任等；从家庭成员使命、义务及责任的内容来说，有经济、政治、文化教育、法律、社会、婚姻、道德伦理使命、义务及责任等。

（一）丈夫的家庭使命、义务及责任

丈夫的家庭使命、义务及责任：表现为对待妻子要尊重、信任、平等、民主，尊重妻子的尊严和家庭权威，照顾体谅理解妻子，与妻子共同承担家务，平等协商家庭重大事情，促进夫妻生活和谐，不断丰富家庭生活，倡导家庭精神文明建设，鼓励妻子参加社会活动，鼓励妻子学习进修等。同时，主动维护夫妻关系，主动深化夫妻感情，也是丈夫的家庭婚姻使命、义务及责任。

丈夫的情感使命、义务及责任：与子女建立深厚的情感，培养子女对父亲的深厚血缘亲情。情感使命、义务及责任就是丈夫在家庭中为子女提供理性慈祥的父爱，提供精神依恋和心理支持，与子女建立亲密依恋感情和良好的亲子关系，促进子女在性格、人格、品质、情感、道德、观念、思维等方面健康发展，这些也是丈夫重要的家庭情感使命、义务及责任。

丈夫作为家庭的关键人物和核心，其情感使命、义务及责任还包括赡养老年父母、关爱安慰老年父母，除了物质帮助之外还要给老年父母提供精神慰藉、情感关怀、心理安抚与心理支持，帮助老年父母快乐安详地走完人生最后一段美好历程。

丈夫的伦理道德使命、义务及责任：丈夫的言传身教对妻子和子女长辈的家庭伦理观念起潜移默化和榜样的作用。丈夫保护关爱尊重妻子，丈夫抚慰爱护尊重子女，子女尊敬爱护支持父母，夫妻互爱、信任、尊重、尊老爱幼、尊重长辈、孝敬父母等，这些家庭道德伦理无不是中国几千年流传下来的传统美德。

（二）妻子的家庭使命、义务及责任

妻子的情感婚姻使命、义务及责任：表现为对待丈夫要尊重信任、平等民主，照顾体谅丈夫，理解支持丈夫，重大事情与丈夫协商，在教育子女上

与丈夫保持一致，主动承担家务，主动促进夫妻生活和谐，丰富家庭生活。此外，照顾幼小子女，与子女建立深厚的亲情依恋也是妻子重要的情感使命、义务及责任。同时，妻子也肩负着与丈夫一样的精神安慰、情感关怀、心理抚慰双方老年父母的情感使命、义务及责任，与丈夫一起陪伴彼此的老年父母安详快乐地走完他们人生最后一段美好旅程。

妻子的生育使命、义务及责任：科学生育后代、科学养育教育后代，是当今知识经济时代现代婚姻家庭的需要，是现代夫妻的使命、义务及责任和希望，也是人类社会现代化发展的必然需要。

妻子的家庭经济使命、义务及责任：妻子在家庭中承担增加家庭收入、抚养小孩、赡养老人、改善家庭生活条件和环境、提高家庭物质生活水平等使命、义务及责任。其中，妻子经济上过度独立，导致部分家庭破裂的比例不断增大，这是现代社会离婚率高的主要原因之一，也是成功女人高离婚率的重要原因。

妻子的教育使命、义务及责任：一般来说，妻子的文化水平和综合素质越高，妻子对子女教育的重视关爱程度和科学性就越高。在中国，许多妻子对子女的教育主要借助自己以往经验进行情感、学习、健康、道德、性格、习惯、特长等方面的培养和教育。而且妻子对子女的教育需要与丈夫保持一致，夫妻对子女教育的一致性和科学性是家庭教育的关键。同时，妻子也要加强自身学习，了解男人心理，掌握丈夫的心理特征和生活规律，保持婚姻的稳定和个人魅力；学习心理学和教育学，熟悉子女成长规律和特点，了解子女的实际情况，发现问题及时解决，发现和培养小孩的兴趣和特长，并给予子女及时的鼓励和科学的引导。

（三）夫妻共同的家庭使命、义务及责任

夫妻共同的家庭使命、义务及责任：夫妻彼此对对方、对后代、对长辈应承担的权利和义务，包括夫妻彼此对婚姻忠诚和互爱支持、及时沟通交流、共同教育和抚养后代、帮助和指导子女健康成长、共同尊敬长辈、关爱赡养长辈、使长辈安度晚年等。

（四）子女的家庭使命、义务及责任

子女的家庭使命、义务及责任：子女作为主要的家庭成员，除了被父母抚养外，也应该承担一定的家庭使命、义务及责任，特别是未成年子女。

首先，要学会处理好个人生活事情，自觉养成良好的生活习惯和学习习惯，提高个人的生存能力和独立生活能力，减轻父母的精神负担和心理劳累。

其次，帮助父母处理一些力所能及的家务，帮助父母照顾老人，体验父母为家庭付出的劳动和代价，增进与父母的血缘亲情，感恩父母，必要时给父母一定的心理关怀、情感安慰和精神鼓励，协助父母解决家庭问题，努力促进家庭和睦与团结。

最后，成年子女还要独立生活，自强自立，同时还要担负起关爱抚慰老年父母、赡养父母的使命、义务及责任，使老年父母老有所养、安度晚年。

（五）长辈的家庭使命、义务及责任

长辈的家庭使命、义务及责任就是长辈在家庭中应履行的义务和应行使的权利，即长辈尽自己的能力安排好自己的生活和大家庭生活，同时为晚辈提供正确适当的帮助、支持和指导。

刘凤鸣谈幸福家庭：

◆家庭责任是每个人应尽的义务，勇于担当家庭责任，自古以来一直被视为家庭美德的重要内容。

◆既然我们来到了这个世上，就应该勇于承担自己作为这个世界的一员所应该承担的责任，努力做一个有责任感的人，对自己、对家庭、对社会负起责任，才能无愧于心，无愧于他人，无愧于社会。

◆家庭教育是任何教育组织都不可替代的。人的品行、个性、观念以及健康心理观等，同其最初接受的家庭教育是分不开的，父母作为子女的第一任教师，其言行就是子女模仿的榜样。因此，家庭教育责任重大而深远。

七、家庭与家族的附庸关系

家庭是最天然、最重要的社会组织，是人类社会生活最基本的细胞，而家族是家庭的扩张和延伸，家庭的繁衍扩展形成家族。我们不妨把家庭和家族的关系理解为，围绕着主干家庭向外扩展，依据血缘、婚姻，甚至地缘关系，形成“一圈一圈”的家庭网络，这个网络就是家族。家庭是家族中最小的，也是最基本的单位。

传统意义上家族的界定和表述，基本上是以男系血缘作为最基本的标准，即一个家族包含了若干个具有血缘关系，但经济上和生活上各自独立的家庭，所指的只是同一个父系祖宗的后代的家庭所构成的家庭组合，至于母族、妻族则不在家族范围内。但是，现代意义上的家族也往往包括了母族和妻族以及女婿的亲戚，姻亲家庭也可能被列入构成家族的家庭组合之中。

这里有两点需要指出：

第一，家族晚于家庭的产生，又处于家庭之外、家庭之间及家庭之上，是基于家庭的“上层建筑”；它所承担的，是因家族形成后才出现或增加的(其中有许多是从个体家庭中分离出来的)那部分功能。即便是最古老的母系家庭公社与其构成单位——偶婚制家庭的关系也同样如此。摩尔根指出：偶婚制家庭是一种个别而且特殊的家庭。几个这样的家庭常常居住在一幢房子里，构成一个共同的家室，在生活中实行共产的原则。这一事实本身说明：这种家庭的组织过于薄弱，不足以单独应付生活的艰苦。虽然如此，这种家庭却是建立在一男一女相婚配的基础之上的，因而具有若干专偶制家庭的特点。

家族一旦形成，即可对家庭的原有生活内容、节奏、方式产生重大影响，其自身也很快就会发生“异化”，衍生出一种基于家族整体或凌驾于家族整体的利益。对此，既可做正面的解释——家族整体的利益将大于个体家庭利益相加之和；也可做负面的解释——“异化”的家族相对于被它涵盖的具体家庭而言，不过就是一个“虚幻的共同体”。

第二，汉语“家族”与构成家族之个体家庭间的关系，不表现为前者对后者的取代或覆盖，而与宋明理学的基本命题“理一分殊”类似。自人类进入文明阶段后，不管是否构成家族，人类日常生活的最基本内容——抚育、赡养、消费等，都是由男女婚姻及其子女组成的个体家庭为单位。在中国古代，个体家庭或单称为“家”，同居共财是其基本特征，如《颜氏家训·兄弟》中所说“夫有人民而后有夫妇，有夫妇而后有父子，有父子而后有兄弟：一家之亲，此三而已矣”等；或合称为“家室”“室家”，如《诗经·桃夭》中所说

“之子于归，宜其家室。……之子于归，宜其室家”，孔疏中所说“室家，谓夫妇也”等。

“家”也可作为泛称，如《礼记·大学》中所说“欲治其国者，先齐其家；欲齐其家者，先修其身”；《孟子·离娄上》的“天子之本在国，国之本在家，家之本在身”等，泛称之“家”的含义就不必以同居共财为前提，而是与“家族”相近。在单称之“家”的个体家庭内部，其结构要素或关系类型——夫妻、父母与子女（也包括正式收养的子女）、同父母子女，与现代社会科学所归纳的“核心家庭”“自然家庭”“基本家庭”“小家庭”特征基本相符。

总之，家庭和家族，主要表现为个体和群体的关系，家庭是个体，家族则是群体，是家庭的扩大与组合。家族，不像一般社会团体那样，其成员只不过是因某个时期、某种方面的共同利益、共同愿望、共同感受或相同的信仰而形成的群体。家族成员，是同一祖先的后代，身上流着同一祖先的血，血浓于水；家族成员资格是自动的，永久的；一代一代的人死去了，但家族永存。因此，对待家族也应和对家庭一样，富有责任感，积极为了大家族的发展而独立自主地贡献自己的力量，实现更大的人生价值。

刘凤鸣谈幸福家庭：

◆家庭是由爱组成的。爱由互相的尊重支持。

◆家族是以婚姻和血缘关系为基础形成的社会组织，它是由无数个具有较近的“亲族关系”（包括“血亲关系”“嫡亲关系”和“姻亲关系”等）的核心家庭组成的共同体。

◆最温情的家庭和家族是充满友爱的家庭和家族。

八、箴言：不“作”不死

网络上有句流行语“No zuo no die”，意思是：不作死就不会死，意为没事找事，结果倒霉，目前广泛流行于各大社区、论坛甚至主流媒体。如今这句话已经走出国门，收录进了美国俚语词典。

没事找事的人，常常人为地扩大事态，结果会越来越烦恼。本来就错过了时机，问题已经难解决，还继续拖延，以致到了不可收拾的地步。比如，同学之间有误会，当时没说清楚，后来干脆“随它去”，那还不使苦恼、不安、哀怨、误解越积越深？好好的同学朋友还能不“分道扬镳”？

没事找事的人，“自我牵连”心理严重。几个人在那儿有说有笑，等自己来到他们面前，都闭口无言，或者，转移话题了；遇到老师，向他问好，他怎么爱搭不理？是不是他们对我有意见？是不是我做错了什么？慢慢地，“疑心生暗鬼”，越琢磨越不对劲，自怨自艾，抑郁成疾。

没事找事的人，看问题只看消极的一面。有过多少次不公正的待遇，多少次有人对我不友善，越琢磨越烦。

没事找事的人，凡事总爱朝不好的方面想：他们肯定不喜欢我，这事我不可能成功。结果，还真让他猜“中”了。因为，他主观上不努力，见人三分胆怯，三分冷漠，遇事犹豫，躲躲闪闪，怎么让大家喜欢？事情怎么会成功？

没事找事的人，在自贬自虐的同时，对别人也不屑一顾，百般挑剌，小题大做，制造矛盾，引起大家的反感。“离亲”“叛众”的结果，必然“众叛亲离”，岂不是“烦”上加“烦”？

有些事情本来是不值得放在心上的，没事找事的人却将其当成是一个无法排遣的烦恼，郁积在心里，以至于整天愁眉不展、叫苦连天。这样一来，就不可能获得淡定、宁静的悠然生活。所以，想要快乐和宁静，就不要自寻烦恼。

美国小说家德莱塞曾说：“不要无事讨烦恼，不做无谓的希求，不要无端地伤感，而是要奋勉自强，保持自己的个性。”烦恼是一把摇椅，一旦你坐上去，它就会一直摇呀摇，总也停不下来，如果你跳下摇椅，它自己就会慢慢停下来。

生活中本没有那么多的烦恼，其实一切都是因自己内心的情绪、思考方式的转变造成的，也就是说其实是没事找事。生活本来就充满了艰辛，再自找很多烦恼、麻烦，岂不是会让自己失去轻松，变得疲惫不堪？

有一位心理学家做了一个很有意思的实验。

他要求一群实验者在第一周的星期日晚上把第二周可能会出现的烦恼事都写下来，然后投入一个大型的纸箱中。到了第三周的星期日，他与实验者逐一核对每项烦恼发生的情况，结果发现其中90%的担忧并没有真正发生。

接着，他又要大家把那10%真正发生的烦恼重新丢入纸箱中，过三周，再来寻找解决之道。结果到了开箱那一天，他们发现剩下10%的烦恼已经不再是烦恼了，因为他们有能力应对。

由此可见，烦恼是自己找来的。据统计，一般人的忧虑有40%属于过去，有50%属于未来；在属于未来的忧虑中，有90%的忧虑从未发生过，而剩下的10%是能够轻松应对的。

所以，有了烦恼并不可怕，只要你能够淡定一些，理清头绪，从容地去应对，就会使那些凭空产生的烦恼逝去，也会使看似真实的烦恼变得不值得一提。

没事找事，是一条漆黑漫长的路，只会使你越走越黑，使你见不到希望，使人生变得黯淡无光。因此，当烦恼本不存在的时候，不要无中生有，避免“胡思乱想”，以此来杜绝自寻烦恼，做到心境平和淡定。一个人只要能够放得下，那么他就会比别人拥有更多的快乐，事情就这么简单。试着每天忘记一点点，试着将锁上的心门再次打开，试着寻找快乐，你会发现，原来天并不是那么灰暗，原来痛苦并不是紧紧围绕着自己，原来烦恼可以不驱而散……

刘凤鸣谈幸福家庭：

◆只有心态积极、心灵宁静、全面看问题，才不会给自己找烦恼，才能拥有淡定宁静的悠然生活。

◆没事找事的人常常担心自己会烦恼，所以烦恼也会找上他。在烦恼中纠结，心浮气躁，所以他们常常不快乐、不轻松。

◆许多烦恼和忧愁都是自己给自己套的枷锁，是一种无意义的自我折磨，这无异于将自己置于虚拟的精神网络中，与其忧虑未来不如好好把握现在，才能有更多的转机。

第二章

惟恕则平情，惟俭则足用

明·洪应明《菜根谭》：“居家有二语，曰：惟恕则平情，惟俭则足用。”

一、家的物质追求和精神状态

家庭物质基础在很大程度上体现为家庭物质生活条件，它包括家庭的经济状况和与此有密切联系的居住条件、生活设施。家庭的物质生活条件是家庭生活的物质基础，是家庭成员生存和发展必不可少的前提。人们为了生活，首先就需要衣食住等家庭物质基础；要接受教育，也有赖于一定的物质条件。

但是，家庭的物质环境与个体心智、品德、审美发展的联系，并非必然的、相对应的，也常有“逆境成才”的范例。因此，优化家庭物质环境，不能只着眼于物质追求，更重要的是，应善于对现有物质生活条件科学地管理和利用。就一般具备正常生活条件的家庭而论，以下几点值得注意：

第一，营造一个优美的居住环境。这并不是要求华丽，“室雅何需大，花香不在多”，使住房布置得体，并保持整齐清洁、空气流通，这是优化家庭物质环境最起码的要求。

第二，关照孩子的生活空间。居住环境良好的家庭，应该为孩子提供一个安静、独立的房间。

第三，学会科学理财。家庭物质环境的优化，有赖于一定的经济条件，更有赖于对家庭经济的科学管理。

第四，注意勤俭节约。自古以来，勤以防堕，俭以养德；由俭入奢易，由奢返俭难。形成勤俭持家的风气，对于未成年人和家庭成员养成良好的品德，学会安排家庭生活也是必不可少的。

如果说，家庭物质生活贫困可能导致家庭和孩子的生存危机的话，那么家庭精神状态消极则会给家庭的幸福和孩子的发展带来严重影响。因此，我们在改善家庭物质生活条件的同时，也必须加强家庭精神状态的积极建设。

为此，家长应当注意以下几点：

第一，逐步改善家庭精神生活条件。一般来说，家庭文化的设施，既要考虑家人休息、娱乐的需求，又要满足孩子的学习和全面发展的需要，以发挥家庭的教育功能。

第二，追求文明的家庭生活方式。古人总结出生活经验“饮食有节，起居有常”，就是说不要大吃大喝，不要贪睡懒觉。

第三，形成积极的家庭舆论。家长应加强自身修养，正确地对待社会现象，正确对待个人和家庭的得失。不能认为家庭是自己的“自由林”，想说什么就说什么，想做什么就做什么。必须考虑自己的思想和行为是否合理，以及它将会给孩子带去什么影响。

第四，营造和睦、温馨的家庭气氛。国外曾有学者提出如下建议：一是爱每一个成员，家庭生活能给每一个成员留下最美好的记忆；二是努力互相了解，互相询问彼此感兴趣的问题；三是分担家里的忧愁，增强对家庭的责任感；四是晚餐桌上多聚会，即使是最忙碌的家庭也要尽量做出安排；五是制订挑战性计划，共同参与大家都喜欢的活动；六是大人小孩共同游戏，为家人提供欢聚一堂的机会；七是常讲与亲人有关的故事，给孩子一种归属感；八是关心对方的工作和学习，让孩子理解大人离开他时在哪里，干些什么；九是别让时空把大家分开，家庭成员离开家时采用多种办法保持感情联络。我们认为，这些都是很有道理的，家长应努力做到。

第五，树立良好的家庭风尚。家庭风尚，是家庭的价值观念、情趣爱好、生活习惯的总和，它首先在家庭中的成年成员身上体现出来，并且能够影响家庭的新一代成员。我国古代就有不少家庭重视树立良好的家风，不少名人留下了脍炙人口的家书、家训、家法、家传，成为千古美谈，为中华文明增添了光辉的篇章。如三国时诸葛亮的《诫外甥书》、南北朝时颜之推的《颜氏家训》、清末曾国藩的《曾文正公家训》，虽然他们的著述已经数百年了，但其家教思想的精华依然对当代人有参考价值。

当前，危害我们树立良好家庭风尚的是种种“现代城市文明病”，如营养过度症、运动不足症、交通拥挤症、狂欢噪音症、精神紧张症、乱施化妆品症、烟酒成瘾症，这些病症对于家庭文明生活建设、对于孩子的健康成长和家庭成员的身心健康都是极为不利的，要坚决克服。

只有双管齐下，以一定的物质作为精神建设的基础，以积极的精神作为物质的主导，才能够像春风般焕发家庭成员的活力，像夏雨般滋润家庭成员的笑容，像秋果般强壮家庭成员的力量，像冬日般温暖家庭成员的心灵。家庭从此和睦、幸福、快乐、无忧。

刘凤鸣谈幸福家庭：

◆形成勤俭持家的家风，让未成年人从小养成良好的品德，学会安排家庭生活，其影响将是极其深远的。

◆有良好的家庭精神状态，家庭成员就能互敬互爱，相互信赖，齐心协力地解决和克服家庭的问题和困难。

◆有良好的家庭精神状态，家庭成员才能健康快乐，在心理上安逸、轻松、愉悦，家庭氛围才能和谐。

二、家庭情绪的形成及治理

情绪，是人各种的感觉、思想和行为的一种综合的心理和生理状态，是对外界刺激所产生的心理反应，以及附带的生理反应，如喜、怒、哀、乐等。

《心理学大辞典》中认为：“情绪是有机体反映客观事物与主体需要之间的关系的态度体验。”

情绪是个人的主观体验和感受，常跟心情、心态、气质、性格和性情有关。

迄今为止，家庭正经历着从传统型向现代型的巨大转变。从社会有关统计资料和现实社会中的现象来看，家庭的破裂和离婚率呈现着增长的趋势，其中以中青年居多。这除了社会的共同因素外，还有新旧家庭模式交替过程中的特殊因素。因此，大家应该在行动上采取一些与之相适应的措施，进行家庭情绪的治理。

首先，应该肯定现实生活中纷繁的家庭情绪不协调、冲突，就其性质而言，是经济生活、伦理道德、性格爱好、传统观念等方面的不一致或差异所致。因此，在观察、分析和处理这些问题时，即使矛盾激化也要“化干戈为玉帛”，清除隔阂和误解，沟通感情，求得家庭成员之间和睦相处之目的。

这既是现代家庭生活的需要，也是社会稳定的需要，是社会主义精神文明建设的重要组成部分。这得依靠家庭成员自身的努力才能最后完成。

那么怎样才能实现家庭情绪的治理呢？

第一，互敬互爱，民主持家。任何一个家庭，夫妻都是家庭这个细胞的中心。因此，作为这个家庭成员的夫妻，首先应该互敬互爱，彼此尊重。丈夫应该多角度地关心妻子，支持妻子在家务之外的其他社会活动，妻子同样应支持丈夫的事业，分担他因操劳事业而淡化了的某些家务细节。夫妻各自成功之处，均有对方的一半。金无足赤，人无完人，取长补短，互让互谅，应是夫妻朝夕相处中的永恒准则。其次就是在操持家务过程中，要充分民主协商，坚持量入为出的原则。

第二，尊老爱幼，平等协商。一个家庭除了夫妻这对主体成员外，一般还有夫妻双方(或单方)的老人和共同的子女。家庭生活的不协调，往往又是由于主体成员不能正确处理好与后者的关系而造成的。怎么办？首先，要处理好同老人的关系。尊重、赡养老人是中华民族的优良传统和美德，并得到法律保护。因此我们应视尊重、赡养老人为己任。其次，在对待子女管教方面，夫妻双方一定要经常商量，做到配合默契，取得一致的态度和方法。要耐心坐下来同他们平等协商，推心置腹，方能达到既定的教育效果。以势压人、训人，甚至采取棍棒政策，这不但不能树立家长的威信，只会适得其反，带来家庭成员之间更大的裂痕，以致造成终生遗憾的结局。可见，教育方法与教育效果的统一是非常重要的。

第三，充电学习，提高素质。一个家庭情绪的和谐，一般来讲是与成员的文化素养和教育程度的高低成正比的。因此，我们要努力提高全民的科学文化水准，使每一个家庭成员不仅懂得如何工作，提高社会的劳动生产率，而且还要懂得如何生活，树立并陶冶高尚的伦理道德观念和精神情操。这样，人们才能永远保持在一个基本平衡、协调的环境里。

第四，奋发进取。几千年的人类社会，固然遗留下来不少优秀的文化遗产和优良传统，但无须讳言，其中也有不少落后的东西甚至糟粕。在当前改革开放的历史洪流中，对影响家庭情绪协调的、一切旧的传统观念，必须与改革同步进行革新，方能适应新时期总任务的需要。

总之，家庭情绪的治理是人类社会的自身要求。当人们因工作不顺或社会交往受困时，在精神上总希望获得家庭生活的治愈和滋补。应该承认此乃家庭长存不衰之公理。追求家庭生活的和谐、幸福，无疑又是全社会成员的共同需要。

刘凤鸣谈幸福家庭：

◆金无足赤，人无完人，取长补短，互让互谅，应是夫妻朝夕相处中的永恒准则。

◆老人与后辈由于经历不同，年龄层次的差别，必然在日常生活中表现出观念、价值、习惯、爱好等方面的差异性。后辈对这些差异，不能厌烦、冷淡，更不能简单干预，只能承认它，尊重它，采取轻言细语的商量方式。

◆要做到人的心理平衡，主要靠每个人内在的因素，如文化教养、道德观念、价值观念、人生哲学和处事能力等来达成。

三、从因果论说家庭的情绪选择

一个家庭的组成，既有属于“硬件”的家什杂物，也有“软件”，这便是家庭成员的精神活动。由于社会生活的宽广和复杂，各人所充当的角色不同，加上个性的区别，教育、经历、体验、感受、交友、工作环境等各方面的千差万别，导致人们的情绪各有差别。在面对不同的问题时，会做出不同的情绪选择。不同的情绪选择又会导致不同的连锁反应，引发不同的状况或者矛盾。

一般来说，具有较好的民主气氛，各个家庭成员的思想、性格、要求等相互都了如指掌，情绪选择更为积极，矛盾往往在一言半句幽默中冰释。

如果情绪选择消极，则难免因措辞过于刻薄，损人自尊而导致开口大骂、拍桌打凳的状况。

在现实生活中，我们不时看到和听到这样一些社会新闻：亲兄弟为钱财以刀相见；夫妻之间如一方有外遇而故意置对方于死地；兄妹妯娌间为争遗产而置奄奄一息的老人于不顾……这些情形虽然为数不多，但对社会造成的不良影响却是较大的。本来家庭矛盾属于“内部问题”，很多人都认为“家丑不可外扬”。一旦矛盾冲突剧烈到上述程度，那就可能由民事纠纷而上升为刑事案件，一时冲动就可能受到法律制裁。上不了刑事档次的，则要上道德法庭、舆论法庭，可能长久地受到良心的谴责，自感不安和内疚。以打骂、吵架等剧烈冲突方式来解决矛盾，不论是否造成刑事责任事故，其结果往往是使原有的矛盾进一步加深。而又因“相吵无好言，相打无好拳”“动手打人理输三分”，伤了对方的自尊而增添新的矛盾，与解决矛盾的目的相去甚远。

因此，我们应设法跨越情绪选择差异导致的矛盾鸿沟，让家庭成员能和谐地交往。为此，一个能被双方接受的交往和谐之策便是：求同存异。

求同存异的基础是理解。在代际交往中，理解更多的是要求一方能设身处地为对方着想，能做到将心比心。如果双方都能做一次角色换位，扮演一下对方的角色，体验一下对方的情感，就能很好地改变自己的看法，做出有利于交往的行为来。

求同存异还要求双方有时能做到“忍痛割爱”，舍弃有碍代际交往的心理行为，实际上是一种“丢卒保车”之举，虽然丢弃了自己的一些东西，却求得了双方的和谐。例如，有些家庭中老年人对晚辈的某些穿着或行为举止看不顺眼，结果双方为此芝麻小事大动肝火。相反，若老年人对此“见怪不怪”或“熟视无睹”，则晚辈也会穿得或做得心安理得，何乐而不为？

求同存异的另一个要求是双方要能主动寻觅“共同语言”，互通有无，达到求同的目的。例如，有些家庭中某个人见多识广，通过与其他成员的交流来传授给他们一些经验和做事的方法，而其他成员也可以把一些现代知识、技能传授给他。家庭中的成员携起手来，走向同一结合点——完善自己，适应社会。这样，家庭成员在社会变革的潮流中，差异就会越来越小，冲突也随之减少了。

当然，家庭中交往的矛盾和冲突总会存在，但这并不会令我们束手无策。如果人人都能做到求同存异，做到理解对方，讲究交流的艺术，不仅旧的矛盾可以解决，而且新的冲突也会变得不那么强烈。

面对越来越纷繁复杂的家庭矛盾，大家需要注意以下几点：

一是认识到家庭成员之间因为情绪选择差异，而发生矛盾是一种正常的现象。对方生气时，你提些“我做的什么事惹你生气了”“我能不能为你分忧”之类的问题，可缓和气氛。

二是要克制“没有和好希望”的冲动。一般的家庭矛盾总是可以圆满解决的，真正没有希望得到解决的家庭矛盾只是极少数。

三是努力改变自己。如想彻底地消除矛盾，双方必须主动地改变自己，这样往往会很快打破僵局。

四是正确对待自己。任何一方都不能固执己见，而应客观地认识自己的优点和弱点，这样就才会有助于消除家庭矛盾。

五是要有忍耐性。学会忍耐和宽容是平息家庭矛盾最有效的方法。

求同存异、和谐而理解情绪差异是分享人生快乐的关键所在。唯有这样，才能使我们心情舒畅，才能使家业兴旺。愿我们生活中的千万个家庭在面对矛盾时，多一分理智，多一分理解，增一分关心，减一分冲突，努力造就一种使矛盾容易得到解决的家庭氛围。

刘凤鸣谈幸福家庭：

◆家庭矛盾虽然是不可避免的，但却可以避免矛盾激化，进而较圆满地解决矛盾。

◆情绪选择与个人的经历、所受教育、道德修养、伦理意识、价值观念等分不开。

◆品德、文化教育素质较高的人，在对待家庭矛盾上理智会多一些，在处理方法上也会较豁达一些；反之，品德、文化教养素质差一些的人，在处理家庭矛盾时酿成不良后果的可能性则要大一些。

四、恕与怒——心态决定情绪

情绪的表现多种多样：开心、高兴、兴奋、激动、激情、热情、喜悦、惊喜、欣喜、悠闲、得意、自在、快乐、安宁、惊讶、生气、紧张、焦虑、怨恨、愤怒、忧郁、伤心、难过、恐惧、害怕、害羞、羞耻、惭愧、后悔、内疚、迷恋、平静、急躁、厌烦、痛苦、悲观、沮丧、懒散、自卑、自满、不平、不满等。

常见的一些不良情绪主要有急躁、紧张、浮躁、愤怒、忧郁等。其中，愤怒情绪是百病之源。一个人如果经常愤怒或生闷气，不仅不利于维持人体正常系统的工作，而且这些不良情绪还会与生理异常相互影响，最终形成恶性循环，削弱人体的抗病能力，诱发疾病。

人在生气时，精神处于紧张状态，情绪波动，面部潮红，部分肌群振颤，心跳加快，呼吸短促，血压升高，心肌耗氧量上升，血小板聚集性增强，这些都是导致冠心病、高血压、冠状血管血栓形成的危险因素，不仅如此，生气还可能诱发其他一些疾病，甚至造成痼疾的恶化。

生气，还极大地消耗人的精力。人在生气时，身体会分泌一些有毒性的物质，这些物质会造成肌体的酸软无力。一个人生气 10 分钟所耗费的精力，不亚于参加一次 3000 米的赛跑。

郁气长期积结，就会破坏身体的免疫系统，最终导致心脏受损。有研究人员分析了 1000 名 35 岁至 90 岁的男性，发现对人或对事怀有敌意的男性，更有可能发生肥胖和胰岛素抵抗，而这两种状况都是引发心脏病的重要因素。

在工作和生活中，遇到让人生气的事情是在所难免的，这时，你一定要先学会心理调适，让自己内心尽力平和一些。有句话叫作“生气是拿别人的错误惩罚自己”，记住这句话，并时时讲给自己听。

在心理学上，有一些专门应对“怒”的心理疗法：

躲避法：遇到会激怒你的情境时，要尽量让自己避开当时的场所，到一个清静的地方去。

转移法：生气时，自己有意识地把思想转移到另外一些感兴趣的事情上，积极接受另一种刺激，如听听音乐，做一些喜欢的运动，散散步等，这都是转移大脑兴奋点的制怒方法。

主动释放法：有怒气在心里时，把心中的不平和愤怒向你信任的人全盘托出，与对你有意见的人主动沟通，把话说清楚，也是平息怒气的方法。

而最明智的做法就是学会“恕”。不能“恕”别人的人，容易刺激自己的交感神经系统做出反应，从而使人总是处在高度的紧张状态中。这种紧张状态持续的时间越长，越容易患上一些慢性疾病，如癌症和心脏病等。一个总是苛求别人的人，内心往往处于紧张状态，进而导致大脑与神经高度兴奋，引起精神紧张、血管收缩、血压升高、胃肠痉挛、消化液的分泌受到抑制、心情烦躁等。

而具有“恕性格”的人，他们更多地拥有乐观、开朗、喜悦的情绪，这些乐观的情绪，可以增强大脑皮层的功能和整个神经系统的张力，促使皮质激素与脑啡肽类物质的分泌，使肌体抗病能力大大增强，并能极大地活跃体内的免疫系统，从而有利于防病治病。因此，常怀恕之心，便能包容生活中的喜怒哀乐，也可以很容易地化解人世间的恩恩怨怨。

有人说恕是软弱的象征，其实不然，有软弱之嫌的恕根本称不上真正的恕。恕是人生难得的佳境——一种需要操练、需要修行才能达到的境界。

恕，意味着你不会再为他人的错误而惩罚自己。在非原则的问题上，以大局为重，你会得到退一步海阔天空的喜悦、化干戈为玉帛的喜悦和人与人之间相互理解的喜悦。

恕，意味着你有良好的心理素质。恕，对人对己都可成为一种无须投资便能获得的“精神补品”。学会恕不仅有益于身心健康，且对赢得友谊，保持家庭和睦、婚姻美满，乃至事业的成功都是必要的。

因此，在日常生活中，无论对子女、对配偶、对老人、对学生、对领导、对同事、对顾客、对病人，都要有一颗恕的爱心。恕，它往往折射出待人处世的经验，待人的艺术，良好的涵养。学会恕，需要自己吸收多方面的“营养”，需要自己时常把视线集中在完善自身的精神结构和心理素质上。

当然，恕绝不是无原则的宽大无边，而是建立在自信、助人和有益于社会基础上的适度宽大，必须遵循法制和道德规范。对于绝大多数可以教育好的人，宜采取宽恕和约束相结合的方法；而对那些蛮横无理和屡教不改的人，则不应手软。从这一意义上说，“大事讲原则，小事讲风格”，乃是应取的态度。

心态决定情绪，在面对事物时，选择怒还是恕，是人生成败的分水岭。择怒，非但抚平不了心中的创伤，而且只能将自己与伤害者捆绑在无休止的争吵战车上。择恕，才能“愈合”不愉快的创伤；只有恕，才能消除人为的紧张，处处和谐圆满。

刘凤鸣谈幸福家庭：

◆真正的恕，应该是能容人之短，又能容人之长。对才能超过者，也不嫉妒，唯求“青出于蓝而胜于蓝”，热心举贤，甘做人梯，这种精神将为世人称道。

◆别人有此过失，若能予以正视，并以适当的方法给予批评和帮助，便可避免大错。自己有了过失，亦不必灰心丧气，一蹶不振，同样也应该恕和接纳自己，并努力从中吸取教训，引以为戒，取人之长，补己之短，重新扬起工作和生活的风帆。

◆古人与人为善、修身立德的谆谆教诲警示世人，一个人若胆量大、性格豁达便能纵横驰骋；若纠缠于无谓的鸡虫之争，非但有失儒雅，反而终日郁郁寡欢，神魂不定。唯有对世事时时心平气和、宽恕大度，才能处处和谐圆满。

五、持家之道：开源节流，量入为出

理顺家庭财务的根本是收支平衡，增加家庭财富的关键是开源节流。开源就是增加来钱的渠道，可以做些收益好的投资，可以兼职赚钱等；节流就是控制住花钱的“开关”，细水少流，就是节约“闹革命”，就是节省开支，减少花钱的项目和数目。挣得少，不禁花，需要把主要的精力放在如何赚钱上，感觉老是“手头紧”，说到底还是赚得太少。

赚钱一靠能力，二靠机遇，三靠敢为人先、坚持不懈和吃苦精神。家庭投资以稳妥为基本原则，即使少赚点，也不能冒太大风险，不能拿宝贵的一点储蓄去“赌博”。不论是给别人打工，还是创业当老板，都要量力而行，有多大本事做多大的事情。既要充分发挥潜能，尽可能多地赚钱，又要避免不切实际的“堂吉诃德式”的空想，天上掉不下馅饼来，要脚踏实地，一步一个脚印地往前走。赚钱犹如龟兔赛跑，不怕慢，就怕偷懒睡觉。

钱赚来了，如何消费和储蓄就成为重要的事情。即使赚再多的钱，如果不善于打理，用不了多长时间，就又会回到起点。打理家庭经济的重要原则是量入为出，钱的数量是一定的，如果不量入为出，乱花乱撒，就会收支不平衡，就会捉襟见肘、难于应付，就会出现家庭财务危机，就会影响到两个人的情绪，最后有可能影响到夫妻感情。量入为出的关键是依据收入情况，制订一个切实可行的理财计划，尤其是对于纯消费项目要把关，不该花的钱就不要花。

日常生活中，很多家庭总结了许多勤俭持家的好经验，他们不但注意节约一度电、一滴水，而且总结出了许多开源节流、量入为出的道理来。

1. 避免盲目性开支。家庭经济支出中，不要赶时髦，凑热闹，盲目地去抢购自己家庭不急需的商品，而是要深思熟虑，不要无目的地花钱。

2. 杜绝有害性开支。有些开支不仅无益，反而有害，出钱买个害，实在太不值得。如吸烟、酗酒、暴食、暴饮等开支，不仅会给消费者本人的身体和工作带来危害，而且会破坏家庭和睦，殃及老人。

3. 减少浪费性开支。家庭中的浪费性开支常常容易被忽视，有些甚至是因小而失大。例如开灯睡觉，常年只吃肉类不吃蔬菜，只吃精面不吃粗粮，造成人为性的营养缺乏症，只吃补药不注意锻炼身体，费钱不讨好。

4. 限制积压性开支。有些家庭开支时没有计划，购买商品时只凭兴趣，超量购买商品，造成积压。存放几年，使用价值变小，甚至老化变质，造成浪费。实际上，随着生产的发展，商品的更新换代时间越来越短，用什么买什么，适可而止。有钱存银行，既有利于国家建设，自己又能得利息，同时还保险，何乐而不为呢？

5. 延迟损耗性开支。有些家用器具，可以适当延长它的寿命，达到节约开支的目的。例如去旧货商店选购物美价廉的便宜货，去旧书店买自己需要的书，这都是节约的好方式。

6. 利用再生性开支。有的家庭自己买理发工具给小孩理发，一年可节省部分理发费。

7. 尽量在家吃饭，干净、实惠。

8. 尽量坐公交，环保，节省。

9. 衣服买品牌，要看时机打折，并且买大方的样式，优质耐穿。

10. 有座机就不用手机，花费少，辐射小，健康。

11. 护肤品只买对的不买贵的，不要跟风，相信自己。

12. 充分利用网络资源，在网上观看电影。

13. 节约用水用电，这不是抠门，而是环保的大事情，我们从自己一点点地坚持做起，中国人的素质才能越来越高。

14. 包装买小不买大，现在家庭成员都少，大的用不完吃不完浪费。

节约好比燕衔泥，浪费好比河决堤。当省而不省，必致当用而不用。只有开源节流、量入为出，家庭经济生活才会在智慧的操持下，越过越甜。

刘凤鸣谈幸福家庭：

◆在家庭生活中，既要开源，也要节流，特别是在家庭收入已定的情况下，节流就等于增加了收入。

◆俗话说："勤是摇钱树，俭是聚宝盆。"勤劳而不节俭，无异于左手得来，右手用去。

◆理财中开源和节流是不可偏颇的，这就像人的腿一样，左右都很重要。每个家庭一定要结合自己家庭的实际情况处理好这两方面的关系。

六、和睦之道：心平才能气和

生活并非时时如意。悲伤的心境可能随时来袭，这让我们徒生许多烦恼，家庭感情往往随之产生不和。其实，很多时候情绪是可以掌控的，关键是看自己的调节——以平常心泰然处之，一笑置之，也不失为一种良方。

心有执念的人，在心中总是团着一股怨气，这是因为太把烦恼当回事了。当我们容许生活的琐事来掌控自己的情绪时，本身就已经成为一个烦恼的受害者了，当对发生的现况无能为力的时候，抱怨与愤怒便成了唯一释放的途径。生气就是在用别人犯下的过错来惩罚自己，惩罚自己的家人。既然如此，又何必生气呢？

生气的时候，给自己一点空间和时间，如果站着和坐着都不能平复的话，那就请躺下来。抛弃烦恼的方法很简单——持有一颗平常心，任“风吹”和“雨打”，都不能撼动自己的世界。心平，才能气和。

很多心理学家总结出了一些在紧张时令人心平气和的方法，参照执行，的确能帮助消除急躁情绪：

1. 预留回旋余地。你去参加某个活动、约会，或急着上班，难免会有别的原因耽搁你的时间，因此，差错既然难免，最好还是多留一点回旋的余地。约会越重要，预留的时间应该越多。若是个绝对不能失约的约会，预留大量的时间是值得的。

2. 中肯地做分析。当你真的心情不顺，急躁起来，想要发火，不妨做一下分析，学会问自己“最坏的后果是什么”，学会警告自己“下次再不走这条路了”，这样一分析，会发现后果也没多严重，下不为例就是了，有助于减少自己的急躁。

3. 详细安排、准备。把重要的事情多往坏处想，把安排好的事多往意外之处想。做最坏的打算和准备，有各种应急和应付突发意外的策略。这样才能确保事情成功，增大成功的概率，自己也不会那么急躁。

4. 多准备些意外以后要做的事。当飞机延误后，你可以试图找点别的事做，看书、打游戏、聊天等，这样可以避免你过度焦躁。

5. 先把现在的事做好。一个人别急着又想干这，又想干那；干着这想着那；这还没干好，又去干别的，结果都干不好。如此，他怎能不焦虑不急躁?因此，干这个事的时候，就彻底干好，别留一点后遗症，慌什么呢？事越多越烦心，干不好更烦心。

6. 消除负面情绪。只要将忧虑、憎恶、不安、罪恶的情绪彻底消除掉，就能做到神清气平。当人们将压抑在心头的烦恼吐露一空，或暂抛脑后时，往往能体验到解脱的快感。同时，立即注入富含健康性快乐的想法，如此一来，那些负面的想法将无法再对你造成任何影响。久而久之，那些重新注入脑中的新想法将在你的思想中生长，而且能击退任何负面的想法。你的心灵将因此永远享有平和。

要克服急躁，也许最后一个方法是检讨一下你自己是否经常迫不及待，你是不是总希望学什么都能一学就懂，或要那些原本慢手慢脚的人做什么事情都能一蹴而就？如果你只是偶然，你的烦恼自会消逝。可是，如果你经常容易烦躁、粗鲁无礼，你很可能就是自视过高，以致对任何人或任何事都不愿等待。

家庭和睦是兴家之本，是无价之宝。这需要你先从自己做起，以“心之平”，产生“气之和”，消除急躁和烦恼。如此，幸福和成功也会随之而来。

刘凤鸣谈幸福家庭：

◆获得快乐的方法是什么呢？最直接且最有效的办法是矫正个人的想法，并努力培养心平气和的心态。

◆通常，当人们说出温和话语时，行为必然也会自然地反映出温和的态度，于是平和之心的力量也将从中孕育而生。因此，培养自己说话温和的习惯，这也不失为一种有效的良方。

◆不同的谈话方式及语调也会使心灵产生不同的变化。有时当我们在言谈之间倾向神经质般的感动或失常的表现时，往往会导致情绪上的反面影响。但若能经常保持积极的言谈态度，则将带来正面的影响。

七、理财之道：节俭方可足用

从古到今，无论贫穷富裕，节俭一直都是有识之士不懈追求的一种生活哲学。例如《晋录》云：“(晋商)百金之家，夏无布帽；千金之家，冬无长衣；万金之家，食无廉味……故其居奇能饶。”能饶，就是能聚财，能积累资本。明代谢肇浙说：“富室之称雄者，江南则推新安，江北则推山右。山右或盐或丝，或转贩，或窖粟，其富甚于新安。”清朝康熙皇帝对晋商的节俭也称道有加：“晋风多俭，积累易饶。”顾公燮则将之概括为：“山陕之人，富而若贫。”

节俭生财，古今皆同。所以，我们不应认为一些应该节俭的事是点滴小事而不为。

理财之道，在于要从自身做起，从现在做起，从小事做起，从节俭做起，必须用心去做。

对很多人来说，节俭就是吝啬的代名词。他们认为，购买大甩卖的东西，结账的时候用代金券，人们铁定看不起你。然而，那些人们“看不起”的人往往在银行有自己的金库；他们没有抵押贷款，也不用为信用卡里的欠债而烦恼；他们不用在周末的时候拼命干活，更不用担心过劳死，他们活得随心所欲。我们在生活里应该向他们看齐，让理财从节俭开始：

第一，让每一块钱都发挥作用。每次要消费的时候，不要冲动消费。节流的关键在于让每一块钱都派上用场。当你逛商场、超市看到打折或者搞活动时，可能会忍不住想要购买，但是你并不真的需要它。那就根据你的实际使用情况做出判断。买东西时，在确定是否划算之前最好别买，货比三家很必要。另外，要搞清楚什么是投资，什么是消费。

第二，危险习惯要注意。不妨抽点时间审视一下自己，看看自己的习惯，看一下那些需要花钱的地方是不是必须的，或者是不是可以用其他省钱的东西代替？

第三，10 秒原则。有时候人们做决定是一瞬间的事，当你要做决定的时候，最好停一下，用 10 秒时间想想自己是不是真的需要这个东西，购买大量的节能灯具就可以让你省电费吗？10 秒原则，这个看似简单的方法会帮你省不少钱。

第四，要忽略全局。提倡节俭，并不是让你在每次掏腰包买东西的时候心里默念“我需要这个东西，而我的账户里尚有余钱”就行了。你不能就这样决定是否花钱。我觉得这个时候用视觉提醒的方法最可靠，列张详细的表，清楚地写上自己需要什么，不需要什么。

第五，商场推出的特价购物时段，打折销售某些商品，非常划算。注意超市和报刊的有关广告。

第六，按你想做的菜谱写下购物项目，可帮助你无一遗漏地购买实际需要的烹饪原料，避免盲目购买而带来的浪费。

第七，关注一下超市入口，商家喜欢把便宜货摆在那里。

第八，随身带个计算器，将购物筐内的物品一一累计。随着钱数的上升，也许可以促使你剔除那些并不急需或可买可不买的东西。

第九，对于日用品、食品，还有不值得珍藏的书籍，千万不要被它们那些花花绿绿的包装所迷惑。因为，精装比简装的东西要贵许多，但是在内容上并没有什么实质性的差别。

第十，购物时，注意力应放在你想购买的东西上，而不是和它捆绑销售或附赠的什么物品上。要明白你想买的到底是什么。

第十一，食品方面，购买方便的半成品，如已洗干净切好的鱼、肉、排骨和蔬菜，甚至是已加拌调料的肉丝、肉片等反而节约开销。

第十二，经常把眼光投向市场货架的底层部分。比较贵的商品，商家喜欢摆放在与人们眼睛平行的位置，而便宜的往往放在底部。

第十三，购买便宜货时，最重要的是要考虑自己的需要，虽便宜但并不需要的东西，买后积压在家最不划算，反倒是种浪费。

第十四，别在饥肠辘辘之时进超市购物，据调查那样会使你多买17%的东西。

节俭才能足用。如果你不懂得如何节俭，那么消费慢慢地就会成为你的负担，可是如果你掌握了省钱节俭的妙招，学会了如何最大限度地使用金钱，那么你才懂得享受生活，才懂得如何使自己和家庭过得更好。

刘凤鸣谈幸福家庭：

◆节俭是个人理财中最重要的元素之一，因此，学会理财，学点省钱的方法绝对是有好处的。

◆节俭并不是应该花钱时不花，而是通过合理安排开支，省去不必要的花费，才能让该花钱的地方有更多的资金可以投入。

◆会理财才会过日子，会理财才能给家庭带来实惠。

第三章

家人有过，不宜暴怒，不宜轻弃

明·洪应明《菜根谭》：“家人有过，不宜暴怒，不宜轻弃；此事难言，借他事隐讽之；今日不悟，俟来日再警之。如春风解冻，如和气消冰，才是家庭的型范。”

一、犯错正常，尤其是孩子

在日常生活中，没有不犯错误的人。成长的过程其实就是一个不断犯错、不断更正的过程。犯错误是难免的，尤其是孩子。重要的是当孩子犯了错误后，做父母的用什么样的方法去教育他。

有许多家长的性子特别急，当孩子犯错时，不给孩子解释的时间和机会，先打骂一顿再说。其实，家长的这种做法是很自私的。打骂孩子仅仅是为了发泄自己的怒气，缓解自己的情绪，丝毫起不到教育的作用。

有时孩子犯错并不是出于本意，而是想帮助父母做点事，只是由于自己的经验和能力不够才犯错的。比如，有个小女孩本想帮父母洗碗，却不小心把碗打碎了。如果父母不听孩子解释而打了孩子，相反会使孩子形成胆怯、退缩或者是叛逆、攻击等不良心理。

所以，当看到孩子犯错时，父母不妨多一点耐心和宽容，给孩子一个解释、辩解和申诉的机会。这不仅仅是父母尊重、赏识孩子的体现，更是孩子应得的基本权利，也是保证孩子身心健康必不可少的一个环节。

那么，对于孩子的犯错问题，父母怎样做才是最明智的呢？我们不妨按照下面几点方法进行操作。

（一）允许孩子对自己的错误做出解释

当孩子犯错后，父母应先冷静下来，耐心地倾听孩子的解释。有时候，父母的批评往往是根据自己的推断进行的，而孩子却另有原因。如果允许孩子对事情做出解释，不仅能全面地了解事情的真相，还能引导孩子进行自我反省。

（二）引导孩子预见后果

孩子年龄小，自控能力差，因此做事也容易冲动，根本不考虑后果；同时，由于孩子经历比较少，能预见到的后果与成人所预见的又不一样，结果才导致错误发生。

这时候，父母可以耐心地指导孩子。如果孩子无法像成人一样思考，父母不妨让孩子自己尝试一下，让孩子亲自看看结果。这时，孩子就会反省自己的错误行为，从而接受批评和教育了。

（三）区别对待孩子的过失

孩子的过失分为偶然性过失和主观性过失。偶然性过失通常是因为孩子无心或无意间所犯的过失，比如，帮父母收拾碗筷时不小心打碎了碗，玩游戏时不小心把杯子碰掉地下摔碎了。对待这类过失，父母要原谅孩子，并帮助孩子分析和解决问题。

而主观性过失主要是指孩子故意或由于判断失误造成的过失。比如，家里来客人时，孩子故意大声唱歌、吵闹。孩子犯这类过失的主要原因是想引起别人的注意，而且不知道自己的这种行为是不妥的。对待这类过失，父母一定要严肃认真，给孩子讲清楚他的错误以及危害，并督促孩子及时改正。

（四）宽容孩子的不成熟

对于孩子来说，他们之所以犯错，很大程度上是因为不成熟，犯错并不是他们刻意而为之。对于这样的孩子，父母应当以引导为主，不应批评孩子。这样就是为了让孩子明白：你的年龄还小，做事情不可能面面俱到。当孩子意识到这些以后，会认为父母已经原谅我的不成熟，那么我为何不做得再好一点，让父母看到，我能够达到他们的期望！

（五）让孩子把错误当成学习

人类的进步过程都遵循这样一条规律：错误—学习—尝试—纠正，通过这样的不断循环，人类才能进步。如果父母不把这个错误源头彻底消灭，那么你的孩子也不会有成长的空间。所以，父母应该把孩子的错误当成学习的过程，允许他犯错误，让他在错误中学习真理，学到做事的正确方法。

（六）让孩子为自己的错误付出一点代价

不管是大人还是孩子，只要犯错误都需要付出代价。如果没有为相应的错误受到惩罚，那么错误还会延续下去。所以，我们在允许孩子犯错的同时，也要对其进行适当的惩罚，让其加深印象，避免错误一再出现。只有让孩子真正尝到了苦头，他才会对自己所做的错事记忆深刻。

“金无足赤，人无完人。”世界上没有十全十美的人，何况是正在成长的孩子。宽容孩子的过错，其实就是对孩子的信任和理解，这样的教育方法会使孩子主动反省自己，并感激父母的宽容。“吃一堑，长一智”，孩子的成长是一个错了再试的过程，失败的经验和成功的经验一样可贵。切莫因为打骂，让孩子丢失了收获经验的机会！

刘凤鸣谈幸福家庭：

◆父母要用全面、发展的眼光看待孩子。有了这种观念，就不会因孩子一时的失误或表现不佳而大发雷霆了。

◆面对犯错的孩子，父母应有的态度就是宽容。只要父母善于引导，孩子甚至还会从错误中学到更多的知识。

◆孩子犯错不可怕，可怕的是我们不分青红皂白地指责与打骂。当你发泄完愤怒后，孩子真的就会走上正轨吗？恰恰相反！冷冰冰的责骂，只会使孩子更害怕、更恐惧而已，更糟糕的是，你的愤怒，造就的可能就是一个胆小狭隘的孩子！

二、自省是家长的可贵品质

所谓自省意识，是指反省自己，在自己身上寻找问题缘由的一种心理特征。能否自省，不仅是一个人为人处世的态度问题，更是衡量一个人的人格修养和心理素质的标准。一个没有自省意识的人，无论取得了怎样辉煌的成就，无论取得了多么耀眼的荣誉，都很难说是一个具有健全的人格修养和心理素质的人。

曾子说："吾日三省吾身，为人谋而不忠乎？与朋友交而不信乎？传不习乎？"显然，在今天这个纷繁复杂的社会生活当中，曾子用于反省自己的这三个标准还不够广泛。但是，单就生活态度来说，生活在今天的我们，真的就超过前人了吗？

我们在生活中最常见的现象是：考试发挥失常了，埋怨题出得太偏太怪，甚至后悔早餐吃得太饱，影响了大脑的运转；生意失败了，埋怨时运不济，没有财运；夫妻吵架了，埋怨对方胡搅蛮缠，不讲道理；孩子考试不及格，埋怨孩子不听话不懂事。怨天尤人是很多人推脱责任的方式。但是现在，我们要站在家长的角度上去反省自己。我们要关注孩子的心理健康健全，做孩子的"心理医生"。这里要关注两个基本的问题：

第一，家长要反省自己是否为孩子起到了榜样作用？在教子理论中有一句最常见的话：家长是孩子的第一任教师，也是孩子最好的老师。孩子的成长过程是不断地模仿和学习积累的过程。在这个过程中，朝夕相处、近在身边的父母无疑是最好的模仿和学习的对象。每一个家长的语言习惯、行为习惯、思维习惯和处事模式都在潜移默化地影响着孩子。那么，自然而然地，家长在日常生活中所体现的心理素质也在深深地影响着孩子的心理素质。作为衡量一个人的人格修养和心理素质重要标准的自省意识更不外乎如此。我们很难相信一个从小在埋怨声和责怪别人的声音中长大的孩子，能够具有理智的自省能力和科学的心理视角。

第二，家长要反省自己是否心理素质不健全。自身心理素质不健全的父母难以指导和培养孩子的心理健康。我们知道，教师为学生传授知识必定是在教师自身完全掌握了这些知识的前提下进行的，否则，自欺欺人的教育必然难以让学生真正了解并接受知识。所以，只有自身心理素质健康、健全的家长，才能培育出孩子健康、健全的心理。试问，那些不善于自省的家长，在你们的抱怨声里，在你们为自己片面的、辩解的声音里，又如何去培养孩子全面、客观、理智的心理？

懂得自省的家长会引导孩子感知、理解别人。幼儿时期的孩子，理解能力有限，如果缺乏正确的引导，孩子会误以为自己永远都是对的。只有通过正确的引导，孩子才能体会到什么是对，什么是错，什么是主观原因，什么是客观原因。

懂得自省的家长会教育孩子学会站在别人的角度上考虑问题，让孩子明白，每个人都有自己的需求。能够站在他人的角度考虑问题，孩子就会理解、同情、关怀他人，养成愿意帮助他人的习惯，产生自我反省的意识。

懂得自省的家长会让孩子知道，如果是自己做错了事，责任就该自己负，从而使其引以为戒，不犯或少犯类似错误。

有时候，家长说的道理是这样，而自己做的却是另外一个样，结果在无意中就为孩子树立了坏榜样。这样的家长就更加需要自省，教孩子学会自我修正。自省意识的提高也有助于培养孩子的责任感。

要想孩子不辜负家长的殷切希望，父母要有一个坚强的信念：孩子的坏习惯不是一天两天形成的，好习惯也不是一蹴而就的，这些都与父母家人平时的教育方式、养育理念、行为习惯等息息相关。一旦教育中出了差错应该首先从父母身上找问题，然后再研究孩子的现状，找出正确的处理方法。

刘凤鸣谈幸福家庭：

◆内省是做人的责任，人只有通过内省才能具有美德。一个善于自省的人遇到问题往往会反求诸己，而不是把责任推到别人身上。

◆自省是一面镜子，贵在自觉。一个人只有通过自律、反思、剖析、克制等，才会静下心来，客观公正地评价自己，并能清楚地认识到自身的缺陷。

◆自省是认识自我、发展自我、完善自我和实现自我价值的最佳方法。

三、家人有过，不宜暴怒

在日常家庭生活中，引起愤怒的原因很多，每个人都不可避免地会产生愤怒的情绪。愤怒是一种有害的情绪，常常会给人带来意想不到的麻烦，如导致家庭关系紧张，等等，而且长期、持续的愤怒对个体的健康损害也是极大的。因此，控制愤怒的情绪十分重要。

事实上，学会舒缓愤怒，也是一个人高情商的表现。养身贵在戒怒，戒怒就得怡养身心，尽量做到不生气、少生气，性情开朗，心胸开阔，宽厚待人，谦虚处世。这样不仅有益于身心健康，也利于提高自己的道德修养和思想水平，和谐家庭氛围，融洽家人感情，于人于己都大为有益。

那么我们应该运用怎样的方法把大的怒火化小，让小的怒火直接消失掉呢?

（一）深呼吸

深呼吸后，氧气的补充会使你的躯体处于一种平衡的状态，情绪会得到一定程度的控制。虽然你仍然处于兴奋状态，但你已有了一定的自控能力，数次深呼吸可使你逐渐平静下来。先深吸一口气，让自己的舌头在嘴里转两下，并在心中默念“不要发火，息怒，息怒”，常会收到一定的效果。

（二）自嘲自己一次又何妨

在愤怒情绪一触即发的危险关头，你可以用自嘲的方法，从自己性情中寻找乐趣，幽默是制怒的最好手段。

（三）转移视线

用其他方法也可消除心中愤怒，比如通过一些活动来转移愤怒的情绪，做运动、听音乐、与人倾诉等都不失为好的方法。

（四）学习忍耐及宽容

遇事持宽宏大量的态度，可止息心中的怒火，化怒火为祥和。学会宽容，放弃怨恨和惩罚，你会发现，将愤怒的包袱从双肩卸下来，你会轻松很多，心中一片明朗，平静无波，生活自然会变得无限美好。

（五）面对嘲笑多点雅量

很多人在面对别人的嘲笑时，会生气，会发怒，甚至会做出一些冲动的行为，来打击别人对自己的嘲笑。事实上，面对别人的嘲笑，与其生气，我们还不如保持宽广的胸襟，让自己有点雅量，这不仅是一种做人的智慧，更是一种能让自己享受不生气的活法。

（六）回避

在生活中遇到能引人发怒的刺激时，你可以暂时避开。眼不见心不烦，怒火自然先去了一半。这虽然是一种“鸵鸟”政策，但却是一种自我保护性的制怒方法。

（七）加强素质训练

爱发火常常与脾气急躁密切相连。为了克服急躁，你可以学习下棋、绘画、写字、做一些小手工艺品，等等，通过这些方法磨炼自己的耐性和柔韧性，久而久之自然会养成不急躁的好习性，不会再轻易大动肝火了。

（八）吐露真情

当你生气时，可找知心人、同情者尽情地倾诉一番，吐露自己的委屈，以减轻不愉快情绪。

（九）忘却烦恼

发生不愉快的事情后，可以用手脚不停、脑子不闲的方法来摆脱引起发怒的事由。

（十）自我安慰

对不称心的事，从宽处着想，进行自我安慰，让头脑自然冷静下来。

（十一）避免纠纷

对无谓纠纷可以好言相劝，但要避免卷入。

受到不公正对待时，任何正常的人都会怒火中烧。但你一定要学会控制自己。如果你控制不住自己，事情的结果肯定会是另一种样子，双方会弄得两败俱伤，最后事情还是没有解决。因此，无论发生了什么事，当愤愤不已的情绪在脑海中翻腾时，请注意提醒自己保持理智清醒，这样你才能避免短视，恢复远见，明智地解决问题。

刘凤鸣谈幸福家庭：

◆其实，无论是谁，遇到诸如此类的不痛快的事情，都难免气愤和恼火。但是，成功者却懂得如何避免愤怒或者回避愤怒带来的不良后果。

◆愤怒常常会使人冲破理智的控制，犯下无法挽回的错误。

◆精神情绪乐观，是健康长寿的必要条件之一。中医认为怒伤肝；现代医学研究表明，人在发怒时心跳加快，呼吸急迫，血压升高，容易导致高血压、冠心病、脑溢血、神经衰弱和消化道溃疡等疾病。

四、家人有过，不宜轻弃

很多时候，孩子因为年龄小，时时需要父母的肯定，父母的每一次肯定都会让孩子体会到成功的幸福，产生上进的动力。即使孩子有时表现很糟，他也应该得到父母的鼓励。因为孩子需要从一次次的失败中吸取经验和教训，为下一次成功做好准备。所以，每次孩子有过时，父母要做的唯一一件事情就是鼓励孩子，给孩子力量和信心，而不是灰心绝望，甚至放弃努力，放弃对孩子的希望。

一个青年罪犯在总结他犯罪的原因时说，小时候每当他犯错误，他父亲就会摇摇头说："算了，我对你不抱任何希望，你长大一定是个问题孩子。"这句话让他觉得自己做任何坏事都理所当然，因为既然父母已经对自己不抱希望了，那自己又能怎样呢？

身为父母，没有任何理由放弃对孩子的爱、教育和培养。事实上，只要努力，并找到正确的教育方式，每个孩子都可以成为父母的骄傲。

孟子小的时候，有一次放学回家，他的母亲正在织布，见他回来便问道："学习怎么样了？"孟子漫不经心地回答说："跟过去一样。"孟母见他无所谓的样子，十分恼火，就用剪刀把织好的布剪断。孟子问他母亲："为什么要发这样大的火？"孟母说："你荒废学业，如同我剪断这布一样。有德行的人学习是为了树立名声、增长知识，所以平时能平安无事，做起事来可以避开祸害。如果现在荒废了学业，就不免要做下贱的劳役，而且难于避免祸患。"孟子听后，恍然大悟，从早到晚勤学不止，把子思当作老师，终于成了天下有名的大儒。

人非圣贤，孰能无过？我们的家人难免有犯错误的时候，错误一旦犯下，对犯错的人责备或者打骂都已经无济于事，最好的办法就是通过教育或者启示让他改正，避免以后再次犯错。真心诚意地帮助家人改正自己的错误是很重要的一点，这才是真正意义上的家人。

古代有个乐羊子妻的故事，很能说明这个道理。乐羊子有一天在路上行走时，发现路上有一块金子，他意识到这一定是别人不小心丢失的，就把金子捡回家给了妻子。他的妻子对他说："我听说有志气的人不喝盗泉的水，廉洁方正的人不接受他人傲慢侮辱地施舍的食物，何况是捡拾别人的失物、谋求私利来玷污自己的品德呢！"乐羊子听后十分惭愧，就把金子扔到野外，然后远远地外出拜师求学去了。

一年之后，乐羊子回到家中，妻子起身问他回来的缘故。乐羊子说："没有什么特殊的事情，只是出去求学的时间太长了，心中有些想念家人，就回来看看。"妻子听后，就拿起刀来快步走到织机前说道："这些丝织品都是从蚕茧中生出，又在织机上织成。一根丝一根丝地积累起来，才达到一寸长，一寸一寸地积累，才能成丈成匹。现在如果割断这些正在织着的丝织品，那就会丢弃成功的机会，荒废时光。您要积累学问，就应当每天都学到自己不懂的东西，用来成就自己的美德；如果中途就回来了，那同切断这丝织品又有什么不同呢？"乐羊子被他妻子的话感动了，又回去修完了自己的学业。

《论语》中说："听说别人罪过的实情后，应该哀之怜之，而不应该庆幸自己获得了真相。"这也就是《尚书》上说的，法官落实了罪证，应该起哀怜之心。

如果家里的人犯了什么过错，不可以随便大发脾气乱骂，更不可以用冷漠的态度，漠不关心，放任不管。如果他所犯的错你不好直接批评，可以借其他事情来暗示让他改正；如果没办法立刻使他悔悟，就要拿出耐心等待时机再提醒劝告。要谆谆善诱，就好像春天温暖的风一般，能消除冰天雪地的冬寒，要像温暖的气流一样能使冬天冻得如石块的冰完全融化，这样充满一团和气的家庭才能有真正长久的幸福。

刘凤鸣谈幸福家庭：

◆乐于忘记他人的过错是一种胸怀。

◆袒护孩子的过错，不帮其改错，是"害"不是"爱"。

◆每个人都难免会犯错误，错误难免会让人悲伤和落寞，甚至会造成巨大的痛苦，脸上难以见到一丝笑容。在这个时候，家人应换位思考，帮助其改正。要知道，错误正好也是学习新知识和提高自我能力的好时机。

五、如春风解冻，如和气消冰

有人将家庭比作避风的港湾，有人将家庭比作温暖的火炉，也有人将家庭比作温馨的摇篮。这些都说明了一个道理：人人都关注家庭，人人都渴望拥有一个和谐幸福的家庭。古也罢，今也罢，一个人生活的乐苦，心情的好坏，乃至事业的成败，都与家庭是否和美紧密相关。和美的家庭，对于每个人来说都是得之不易的。

如果你要保持家庭生活快乐，就要让自己保持和气。中国有两句老话："安居乐业，家和万事兴。"家，恰如其字，它就像是一把保护伞，替我们挡风遮雨，祛暑避寒！"妻贤夫兴旺，母慈儿孝敬，众人拾柴火焰高，十指抱拳力千斤。"

但是，古今中外，在家庭中互不尊重、明争暗斗的事例举不胜举。众所周知，曹植那首著名的《七步诗》："煮豆燃豆萁，豆在釜中泣。本是同根生，相煎何太急？"就是因曹丕见曹植聪明有为，又为曹操所喜欢，恐怕他威胁到自己的皇位而逼曹植在七步之内写成一首诗，否则就杀掉他。这样兄弟"相煎"的家庭，又怎么可能会和谐呢？

现实生活中，很多人时不时会因为一些鸡毛蒜皮、无关痛痒的小事，与家人争吵不休。我们也总会看到一些因为跟父母吵架而负气离家出走的孩子；

会看到因为锅碗瓢盆的小事而吵嘴甚至大打出手的夫妻；也有因一句话不合，使原本要谈婚论嫁的恋人就此一拍两散的事情……

其实，当我们静下心来想想便会发现，有些争执，实在没有必要，尤其为此而大动肝火，甚至做出一些失去理智的事情，就更不值得了。遇到问题，家庭成员能够互相理解、共同进取才能如春风解冻，和气消冰，团结和睦，越过越美好，越过越幸福。

事实上，如果你不去尊重别人，别人也就很难尊重你，不论是在社会上还是在家庭中都是这样的。这是人与人交往相处的基础，任何人都不应该忽视这一点。家庭成员间的相互尊重，是维系一个家庭的重要基础；如果缺少了这种相互尊重，那就会给每个人都造成一种心理压力。

试想，如果在一个家庭中，我生怕把哪件事做错了，你生怕把哪句话说错了，他又生怕自己说得不对，以致遭到他人的指责或驳斥，那么，这种不理解造成的压力是难以让人承受的。这样的家庭是没有什么和谐可言的，最终只能分崩离析。当然，这里所说的尊重并不是无原则地谦让和妥协。对于原则性问题，一定要坚持自己的观点，只要不采取过激的行为就好。

如果你充分地理解了家庭中的每一个人，那么你的理解也就会变成他们对你的尊重。这样，家庭气氛就会和谐起来，家庭成员的压力也就会随之得以化解。生活中的奇迹，其实就发生在你不经意的言行之间，一句亲切的话语、一个友善的致意或一项小小的援助计划，都能让对方体会到你的爱心和真诚。

如果我们在举手投足之间撒下一颗颗关爱的种子，有一天，这些种子就会在你不经意间长成参天大树，并为你带来丰硕的果实。这时，你才会恍然大悟。原来，一个人给予他人的慈爱和真诚即使不是很多、不是很昂贵，却也能得到丰厚的回报。

尝试着与家人时刻和谐相处吧。每个人做好自己，多忍耐一点，少抱怨一点，多思考一点，对你、对人都是有好处的。万事从小做起，用平常的心去弹奏出美妙的乐曲，美妙的东西总是和谐的，万事以和为贵，那我们的将来就会更美好。

刘凤鸣谈幸福家庭：

◆和谐美满的家庭，要求成员间相互尊重，这就需要每位家庭成员对家人的感情需求非常关心、非常敏感，不但要尊重家人的人格，还要尊重家人的习惯和个性。

◆处理好家庭人际关系，使各个家庭成员在共同的生活空间中用爱和尊重、关心和信任、谅解和宽容、支持和帮助去互谅互助，这个家庭才会是幸福和财富兼具的。

◆我们要学会体谅别人，以别人的角度来看事情，这样在日常生活中摩擦和冲突就会减少很多，人与人之间的关系也会变得更和谐。

六、此事难言，借他事隐讽之

许多时候，我们会遇到难以直言之事，这时，不妨用隐约委婉之词借他事来暗示。

一位顾客坐在一家高级餐馆的桌旁，把餐巾系在脖子上。这种不文雅的举动很是让其他顾客反感。经理叫来一位侍者说：“你让这位绅士懂得，在我们餐馆里，那样做是不允许的。但话要说得尽量含蓄。”

怎么办呢？既要不得罪顾客，又要提醒他。侍者想了想，走过去很有礼貌地问了那位顾客一句话：“先生，你是刮胡子呢，还是理发？”话音刚落，那位顾客立即意识到自己的失礼，赶快取下了餐巾。

侍者没有直接指出客人有失体统之处，而是拐弯抹角地问了两件与餐馆毫不相干的事。表面看来，似乎是侍者问错，但实际上正是通过这种风马牛不相及的事情来提醒这位顾客，既使顾客意识到自己的失礼之处，又做到礼貌周到，不伤面子。这就是委婉的妙用。

说话直言不讳本是不少人愿意推崇的，但是生活中，并非处处都能直说，有时非得含蓄地曲线暗示，才能使表达效果更佳。

心理学告诉我们：通常人在受到别人的攻击时，出于本能，会产生反抗的心理。受到的攻击和压制越强，这种反抗的心理就会越强。这就是心理学上著名的“逆反心理”。“逆反心理”在生活中非常常见，是人们在受到攻击和伤害时，表现出来的“冷反抗”，是人们维护尊严的一种心理表现。通常情况下，受到的心理挤压越大，这种反抗的情绪就越强烈。因而，在表达意见的时候不妨委婉一些，维护别人的尊严和人格，降低对方内心的反抗情绪，才能更好地达到改正的目的。

那么，在指出别人错误的时候，如何才能做到委婉一些呢？

（一）夸赞对方还没形成的优点

夸奖对方还没有形成的优点，是一种不满情绪的表达，是一种赞扬性的批评。因为你在这方面没有优点，甚至是严重的失误，是不可弥补的缺点，本应该受到批评，但是却受到了表扬，而且缺点成了优点，乍一听是在赞扬，实际上传递的却是不满，别人只是在强调这些方面，希望能引起你的注意。

（二）夸赞对方表现过度的优点

人在表现自己优点的时候，希望得到别人的肯定和认可，可是如果这种认可已经演变为人人皆知的事实的时候，你再表扬，无疑带有讽刺的意味了。尤其是对方一个劲儿地展现个没完的时候，你的赞扬无疑传递着这样一种信息："我很反感，你赶快停止。"

（三）指出同类错误来加以影射

如果别人犯了错误，又不好意思直接指责和批评的时候，不妨批评同类性质的错误，把你的不满和指责委婉地传递给别人。因为没有所指，所以没有针对性，即使对方不愿意听，或者是有想法，也不会直接反击。但是，由于所批评的错误和对方有同类性，所以即使是最笨的人，也能感受得到这份责备。

有时候，你对家人、对朋友，觉得有许多话不得不说，可是一说，反而伤害了感情，反而弄糟了事情。于是你就引用一句中国古话替自己解释，说什么"良药苦口，忠言逆耳"。

其实，我们的忠言也就是我们的口才，是始于对人的同情与了解，而又终于对人的同情与了解。我们的忠言，能被人听进耳朵，记在心里，咀嚼得越用力，研究得越深入，别人就越觉得我们对他非常了解，越觉得我们非常同情他。

所以要批评别人而又让别人乐于接受，关键就在于我们要了解别人并对别人表示深深的同情。当然，批评是一种艺术，它也具有一定的技巧。批评别人要让他心服口服，也要积极运用委婉的技巧。

刘凤鸣谈幸福家庭：

◆如果不能根据交际对象的心理，选择恰当的语言形式，话一出口先挫伤他人的自尊心，必然引起对方的不快，甚至引起争吵。

◆生活中，要理解人们的合理需要，爱护人的自尊心，只有这样才能把话说到别人心坎里去。

◆未开口批评别人之前，先检讨一下自己所持的是什么态度，是积极还是消极。情绪不好是很难掩饰的，而这种情绪有极强的传染力。一旦对方感觉这一点，立刻会激起同样的情绪，立即会抛开你的批评内容，计较起态度，这种互为影响的情绪会把批评带入僵局。

七、今日不悟，俟来日再警之

“当局者迷，旁观者清。”在现实生活中，对于自身的问题，人们往往觉察不清，需要别人去劝导说服他才能明白。有效的劝导说服，能解开他人心结，赶走他人心头的阴霾，减轻精神上的负担，排除思想上的痛苦；能使迷蒙者幡然醒悟，改弦更张；能让宿敌消除怨恨，握手言和；能叫浪子迷途知返，改邪归正；能让固执者心中开窍，顺其自然……所以，我们一定要掌握说话的艺术，让别人愿意接受我们的忠告。

人们常说“忠言逆耳”。生活中常见这样的现象，本来你好意给对方提忠告，却往往惹得对方很不高兴。因为，仅有为别人着想的良好愿望还不行，忠告也是要讲究技巧的。古人说：“话多不如话少，话少不如话好。”恰巧说明了“说话艺术”的重要性。会说话的人，即使说得再多也都是字字珠玑；不会说话的人，不会察言观色，也不懂得在适当的时机说话，即使话说得再少，一开口就伤人，又有何用呢？而且一旦失言，你也许永远无法挽回。

要想把话说得恰到好处，卡耐基强调最重要的一点就是把握住说话时机。孔子在《论语·季氏篇》里说："言未及之而言谓之躁，言及之而不言谓之隐，不见颜色而言谓之瞽。"不该说话的时候却说了，叫作急躁；应该说话了却不说，叫作隐瞒；不看对方脸色变化便贸然开口，叫闭着眼睛瞎说。这三种毛病都是没有把握住说话时机。说话是直接的语言交往，从来就不是一个人的事。双方当场对面，还要受到周围环境的种种限制。说话时机的把握，比掌握、运用其他说话技巧更难更重要。

下面提几点建议：

第一，语气缓和，态度和善。忠告是为对方着想，为对方好是根本出发点，因此，你的一番好意要让对方明白，就必须注意自己的语气和态度，不可草率，疏忽大意。此外，讲话时的态度一定要谦和、诚恳，用语不能激烈，但也不能过于费解，否则对方就会觉得你在教训他，并因你的假惺惺而产生反感情绪。

另外，在什么场合提出忠告也很重要。原则上讲，提出忠告时，最好避开耳目，千万不要当着他人的面向对方提出忠告。因为这样做，对方会因为自尊心作祟而产生抵触情绪。

第二，不要贬低对方，抬高别人。不要以事与事比较、人与人比较的方式提出忠告，因为此时的比较，往往是拿别人的长比对方的短，这样很容易伤害对方的自尊心。

第三，时机选在对方心情比较平和的时候。因为一些人由于劳累、不顺心或正在把注意力集中在其他事情上时，是没有心情来听你说话的。不急于一时，重要的是有效。

生活中，一个人说话不论内容如何精彩，如果时机掌握得不对，就无法达到说话的目的。因为听者的内心往往随着时间变化而变化。要想让对方愿意听自己的话，或者接受自己的观点，我们就应该学会选择适当的时机。今日不悟，俟来日再警之。只有在恰当的时间说恰当的话，才能收到最佳的说话效果。

刘凤鸣谈幸福家庭：

◆把握说话的时机非常重要。在不该说话的时候说了，是犯了急躁的毛病；该说话的时候却没有说，那就失掉了说话的机会。

◆在交谈的过程中，交谈双方的心理是呈渐变状态的，这就要求我们在与他人交谈时要善于注意对方的心理活动，使谈话内容和对方的心境变化相适应并同步进行。

◆说话的水平体现出为人处世的品行，要想使人与人之间相处得和谐融洽，就得把握好说话的分寸。如果把握不好，就会产生各种不良的后果。

第四章

父子不信，则家道不睦

武则天《臣轨下·诚信章》：“父子不信，则家道不睦。”

一、出外要守信，家里也一样

守信是每个人心中的美德，是一种品质，在我们这个人文社会，不管在哪一个方面，都要守信。人们需要守信维持关系；商业需要守信来维持自己的生计，维持与其他公司的合作。守信可以使他人对自己有好感，守信也可以让自己的事业和生活得到提升。守信小到可以使自己的身心得到休息，大到可以使自己一举成名。守信能够帮助自己取得事业上的成就，也能帮助自己取得生活上的快乐。守信是福，一个守信的人不管在事业方面，还是在生活方面都会取得成功，所以守信是一个人最为重要的一方面。出外要守信，家里也一样。

守信就是诚实，一个守信用的人往往容易被他人所接受。诚实需要勇敢和谨慎，信用需要坚持和完善，只有做到这样，自己才能是完完全全的守信的人。

守信最基本的一点就是不欺骗他人。不守信用的人就是丧失了品德，是一个身心不健康的人，不仅伤害了自己，也伤害了他人，可以说就是骗子，这样的人不但得不到他人的信赖，在社会上也无法立足，这样的人不会拥有真正和谐的家庭。

守信是社会交往的基础，也是做人的根本。中国有句古话："人无信不立。"如果一个人没有信用，立不起门户，更难立于人世间。在社交中，没有什么比失信会更迅速地破坏相互的关系了。失信不仅有损感情，也会破坏关系。一个没有信誉的人，是没有人愿意与他打交道的。

很多人都把与他人交往的关注点集中在交往的技巧方面，其实这是舍本逐末，缘木求鱼，难以达到维持人际关系的最佳效果。守信不足的感情，无论技巧是多么的高超，终究不过是短暂的彩虹，难以成为长久的关系。因此，不管是在外还是在家，都要以守信为本，如此才会拥有他人真诚的尊重，才会建立起深厚的感情。

一个人要拥有和谐的人际关系，幸福的家庭生活，就一定要守信。守信就要做到以下几个方面：

第一，守信待人。对别人要守信，要抱着诚挚、宽容的胸怀；对自己要怀着自我批评、有过必改的态度。只有这样，才能做到诚实守信。

第二，要做到言而有信。在生活中，要培养自己做一个言而有信的人。只要承诺别人的事情，就一定要兑现，尤其是在交往中，守信往往能够给一个人带来成功。言而有信，是交往中最基本的准则，只有把握住它，才有了一个人立足人世的根本。

第三，“人无信不立”，守信是最基本的道德素养。没有守信，其他道德都形同虚设。守信是道德中的道德，是“原道德”。一个人在确立守信的基本道德之后，他就可以在自己的一生中遵纪守法，求真务实。一个人一生恪守诚实守信的道德规范，他将会得到越来越多的信任，得到肯定的、积极的回报，个人的声誉就会不断增长，做事情就会越来越顺利。因此，人只有学会守信做人，才有更好的发展。

俗话说：“天网恢恢，疏而不漏。”这里的“不漏”不仅仅是法网，更有人心。它所包含的是绝大多数人自身那颗向善的心。也就是说，对一个心理基本正常的人而言，“失信于人”的最大代价就是：从此以后，他会看轻自己，会承受沉重的心理压力。因此，做到守信，守住底线伦理，对人的心理健康也有着重大意义。

一个人之所以能够拥有事业成就和家庭幸福，很大程度上就是因为他们能够说到做到，答应过别人的事情总能够兑现，从不失信于人，所以，他们就能取得成功，赢得他人的尊重。如果一个人不守信用，经常失信于人，从来就不守信，他根本就不会取得成功，因为没有得到人们的支持。因此，我们不可忽视守信的力量，说到就要做到，以守信为本，才是立身之本、和家之根。

刘凤鸣谈幸福家庭：

◆一个人要办成事，没有良好的信誉、守信的美德、切合实际的行动是不行的。

◆诚实守信是为人处世之本、创业兴邦之基。

◆守信是人与人、人与社会在交往过程中的立身金字招牌。

二、欺骗是失信的原因之一

欺骗为人所痛恨，然而有的人却总心存侥幸，幻想用谎言来蒙蔽人，而结果在与人交往中谎言被戳穿，自己为人所不齿。

《笑林》里面记载了这样一个故事来讽刺那些虚伪的人。

某人想拜见县令，问县令周围的人："县令最喜欢什么？"

别人告诉他："县令喜读《公羊传》。"

后来，这个人见了县令。县令问他："你读了什么书？"

他回答道："只是读了《公羊传》。"

县令就试着问他一下，说："是谁杀了陈他？"

这个人过了好久，才回答说："我平生实在没有杀过陈他。"

县令一听，知道他什么也不懂，就故意开他的玩笑，说："你没有杀陈他，请问那是谁杀的呢？"一下子把这个人吓坏了，光着脚跑了出去。别人问他为什么这么狼狈，他才大声地说："我去见县令，他就问我杀人的事，以后我再也不敢去了，等大赦以后再去吧！"

这个故事以欺骗被人识破告终，或许应该使世人得到些启发。欺骗者会失信于人，让人们不再信任。

欺骗不仅不能够隐瞒真相，而且还会给欺骗者在道德上和精神上带来巨大的压力，既危害别人，同时又伤害了自己。生活中，有的人总把自己看作"智多星"，把别人看成"糊涂蛋"，动不动就对别人用心计、要手腕，把自己所拥有的那点小聪明发挥到极致。他们或以谎言取巧，或以诈术牟利，以致在生活中成为别人厌恶的对象。

其实，这种欺骗者活得很累，每遇重大事项，靠说谎取巧者常担心谎言被人戳穿，靠行诈牟利者要提防诈术被人识破，心术不正的人往往因此食不知味、寝不安眠。欺骗并非处世久计，失掉诚信，就失去了立身之本。"你能在所有的时候欺骗某些人，也能在某些时候欺骗所有的人，但你不能在所有的时候欺骗所有的人。"欺骗之术迟早会被人识破，而一旦他的真实嘴脸暴露出来，则上下左右的人必然将他低看一等。

由此可见，做人还是以诚待人为好。诚实的人虽没有大红大紫的荣耀，也没有叶萎花落的悲哀；他虽一时得不了大利，长远也吃不了大亏；他虽不是社交圈子的中心，也不会成为生活空间的弃汉；他虽没有结交三五天便亲密无间的哥们儿，却有相处数十年能心心相印的朋友。相比之下，做一个诚实的人要比狡诈之徒活得踏实、舒坦得多。

一个人只要真诚，总能打动别人的心，即使人家一时不了解，日后总会了解的。以诚待人，就能在可以信赖的人们之间架起心灵之桥，从而通过这座桥打开对方的心灵大门，并在此基础上并肩携手，合作共事。

诚实地待人处世，不仅对个人的心理健康有益，而且有助于消除人际间的种种猜疑，有利于增进人际间的互信与团结。如果一个人一开始就有坚定的意志，保证他所说的每一句话都是完全真实的，他的每一个诺言都要兑现，每一个约定都要诚实地遵守；如果他把自己的声誉看作无价之宝，觉得全世界的人们都在注视着他，他不能说一丝一毫的谎话；如果他在人生之初就有这样的立场，那么他最终会获得无上的荣誉，获得所有人的信任，成为一个高贵的人。

从道德方面讲，信仰诚信是做人的根本。中国古代虽然有许多谋略经，但也是在师出有名的名义下讲谋略，秦王尚不敢以强国之威，身负无诚无信的骂名，强夺和氏璧。可见国人对诚信是极其看重的，这一点可以说是中华民族的传统美德。每个人都渴望得到个人利益，但他人同样渴望得到利益。如果你为追逐最大利润，使用欺骗的手段，让别人无利可图，你可能会获得一时的利益，但是长此以往，其他人就不会再与你做交易。要知道欺诈和造假失去的是名声和财源，得到的是索赔和惩罚，诚信才是做人的法宝。

坚定地拒绝施行欺骗吧，欺骗是失信的原因之一。守信的人容易获得快乐。诚信修炼的是做人的境界和品位。做一个诚实守信的人吧，它将给你特立独行的风骨，追求真理的意志，相信公正的襟怀，关怀天下的心胸，让你屹立于天地之间，有如巍峨高山，收获人生真正的累累硕果。

刘凤鸣谈幸福家庭：

◆讲假话犹如用刀伤人，尽管伤口可以治愈，但伤疤却永远不会消失。

◆一个言行诚实的人，因为有正义公理作为后盾，所以能够毫不畏缩地面对世界。

◆谎言不仅会伤害别人，而且还会给自己的心灵带来无穷的负累。

三、撒谎是失信的原因之二

“行经万里身犹健，历尽千艰胆未寒。可有尘瑕须拂拭，敞开心腹给人看。”要想得到知心朋友，首先应敞开自己的胸怀。要讲真话、实话，不吞吞吐吐，不遮遮掩掩，以坦率来换得朋友的赤诚和爱戴。撒谎是失信的原因之二。

有些人会以谎话连篇企图取得别人的信任，而且大多数人也都以为说谎没什么大不了的。虽然几乎没有人是真正的绝对诚实，但朋友之间切记不可以用谎言欺骗对方。朋友之间交往，应该敢于说真话，让对方知道自己是考虑他的利益说话，朋友才能为你的诚实所感动，从心灵深处喜欢你，回报给你的也将是他的真话、实话。

如果不管什么情况都以说谎来解决，这种人可以说是心态上已经有了病症。但是，一旦开始了骗人，就会一发不可收拾地继续下去，因为谎言就像是滚雪球，会越滚越大。

撒谎不仅反映了一个人品德修养差，而且从生理上也有损于人的健康。科学证实，人在撒谎后，心有余悸，矛盾重重，心慌意乱，夜不成眠，引起交感神经兴奋，进而造成大脑机能失调，导致兴奋和抑制的平衡紊乱，引起神经衰弱等神经疾病。据测，人在说谎时体内会分泌一种叫荷尔蒙的物质，这种物质会加速心脏跳动使血压上升，同时会使白血球数下降。一些国外医学专家指出，即使是不怀恶意的撒谎，也会使体内的神经细胞受到震动。

那么谎言是怎么样形成的呢？

谎言往往是人们为了自身的需要，对与个人有关的信息进行有意的歪曲，以博取他人的尊敬、敬畏或者同情。刚开始说谎的时候，由于道德感和行为的不一致，说谎者会感到窘迫、羞愧，害怕被别人揭穿，产生情感上的压力。但是如果说谎者从说谎行为中获益，他便会逐渐调整自己对撒谎的态度，使态度和行为建立起新的一致性，从而缓解由于道德感与行为不一致引起的情感压力。通过这种方式，撒谎者不再感到焦虑，或者觉得撒谎也是无所谓的。

从心理健康的角度看，将撒谎习惯化，是人无意识地运用心理防御机制消除自己焦虑的过程。这个过程一旦建立起来，人就会面不改色心不跳地出口成"谎"了，以至于在那些无关紧要的小事上，只要令他产生了一定的心理压力和紧张，就毫不犹豫地撒谎，使撒谎习惯化。

怎样才能不撒谎呢?

第一，提高人品修养。首先要培养自己的精神力量，要有勇气。如果精神力量衰竭，就没有气力，丝毫的事情都做不了，更不要说做大事。因此往往就容易用歪门邪道的方式，撒谎去获得私利。因此，要做一个高尚、有所作为的人，培养自己的心性力量是至关重要的。精神勇气源于一颗纯正无私的心。

第二，为对方的利益着想。如果总是想着自己的利益，那么就可能提供给他人虚假的信息。而真诚地对待亲人和朋友，换位思考，就不会再目光短浅，心胸狭隘，就能发出更多真实的信息。

对于一个人来说，不撒谎应该是起码的道德要求，是真诚的表现。每一个人都不应该对家人、朋友和其他人撒谎，同时也要要求周围人不对自己撒谎，否则只会破坏各自对彼此的信任，使双方的感情产生破裂，甚至反目。

一个人种下什么，就会收获什么，我们如果真诚地待人，别人也会真诚地对待我们……做人要从真诚开始。真诚是做人的起点，也是做人的归宿。只有真诚，才能获得别人的尊重，建立真情实意的和谐关系。

刘凤鸣谈幸福家庭：

◆真诚是一粒种子，虽然微小，却能长出让人充满希望的一片新绿。

◆真诚是改善人际关系的法宝。要做到真诚，不能只在外表上用功夫，要内心真诚，对方才能体会到你的诚意，和你产生共鸣。

◆真诚是一种美德，诚实待人可获得好人缘。真诚是一种胸怀，在利益面前要坦诚相待。

四、虚伪是心理偏离的诱因

虚伪心理与行为，或许有许多表达不出来的动机和身不由己的原因。但从社会公认的标准评判，虚伪之人从来都不会受人欢迎。我们应充分认识虚伪对自身的危害，对人生的不利影响，从而避免被这一恶习污染，做一个真诚友善的人。

“虚伪”就是不真实、不实在、作假。例如我们说“这人太虚伪”“他对人不实在”。单说“虚”是虚假，跟“实”相对；而“伪”呢，就是有意掩盖本来面貌，跟“真”相对。例如“伪君子”“伪善”“伪装”皆是贬义。当下，虚伪之人不在少数。

虚伪主要表现在以下几方面：

第一，自以为很聪明，当面一套背后一套，当面夸得你呱呱叫，背后说话另一套。这种人一开始较好接触，见面熟，一旦时间长了，就知道他没有真心了。

第二，甜嘴巴，这种人开口便是大哥大姐，叫得又自然又亲热，也不管他和你认识多久。除此之外，还善于恭维你，拍你的马屁，把你“哄”得舒舒服服的。

第三，笑面虎，这种人好像没有脾气，你骂他、打他、羞辱他，他都笑眯眯的，有再大的不高兴，也放在心里，让你看不出来。可背后，就要想法攻击你了。

生活中，口是心非、表里不一、口蜜腹剑的虚伪者并不少。

朋友想要请你客，心中明明高兴得要死，嘴上却说：“多不好意思啊，总让你破费。”学校号召为灾区捐款，心中明明一百个不乐意，嘴上却说：“灾区人民太苦了，这钱我早就想捐了！应该早点搞这个活动！”领导提出了一项决策，明明心里有不同意见，嘴上却说：“这是多么英明的决定啊！”挨了领导批评，被罚了款，明明心里很不舒服，甚至认定领导是错的，但嘴上却说：“多亏领导的帮助，要不我不会对错误认识得这么深刻。”一个领导或是同事能力不强，心中明明瞧不起人家，嘴上却说："你能力很强，水平真高。"朋友找他去帮忙，明明心中不想去，嘴上却说："就这点小事，我一定帮你办到。"细心的人可以发现，我们举的每个例子中都运用了"……明明……却……"的句式。像这种生活中比比皆是、数不胜数的例子，就是虚伪的表现。虚伪的实质，就是一种对他人、对自己的欺骗。

当代社会中，传统友谊的内涵十分丰富，友谊也常受到利用而被玷污，友谊的误区比比皆是。但是，"有了朋友，生命才显示出全部的价值。智慧、友爱，这是照亮我们黑夜的唯一的光亮"。人生活在社会，要和睦相处，就应该互相帮助，互相尊重，互相关心。

而虚伪的人则很难有真正的朋友，因为这种人总是虚情假意，当面让人感到可亲，可真正需要他帮助时，就会又扯谎又找客观原因，一般人一眼就能看出他虚伪的尾巴。在交友中，让人最反感的就是这种虚情假意的人。所以，患"虚伪症"的人，最大特征就是没人缘。

我们看到身边和社会上一些人靠说假造假"办成"了"事"，那是什么"事"呢？这样的"事"即使办成了，又有什么可让人羡慕的呢？这不是违法乱纪的行为吗？他们靠这种手段侥幸"成功"一时，但从此以后，恐怕就要生活在良心的自责和唯恐被揭穿的恐惧之中了。做人绝不能靠虚伪，急功近利，要看远一点，多看几步棋，你绝不要为讨对方的欢喜而失去人格，虽然朋友间直言不讳，说出对方的弱点会影响一时的感情，但却能保持长久的友谊。

总之，虚伪是种最丑恶的缺点，它像黑暗里的一只虫子，一点点地、慢慢地吞噬着人的灵魂，夺走人的快乐和幸福。只有真诚，才是永不过时的"吸心大法"，才是取之不尽用之不竭的真正财富。

刘凤鸣谈幸福家庭：

◆待人要真诚，虚伪是大忌。

◆真诚与虚伪就像数轴上的正数和负数，真诚是正数，虚伪是负数。

◆虚伪心理是指我们在对待朋友时，表现出来的一种掩盖事实真相、满足私欲、骗取信任的心理活动，是一种消极的个性心理特征。

五、猜疑是一种心理病

猜疑，表现在交往过程中自我牵连倾向太重，总觉得其他什么事情都与自己有关，对他人的言行过分敏感、多疑。

猜疑心理是建立在猜测基础上的，这种猜测往往不是以事实为根据，只是根据自己的主观臆断，毫无逻辑地推测和怀疑别人的言行。

喜欢猜疑的人，容易神经过敏，甚至捕风捉影，往往善于揣测他人深藏的动机和目的，对他人的言行非常敏感。见到别人工作努力，就怀疑别人居心不良，想抢夺自己的位置；见别人说悄悄话就怀疑是在议论自己，说自己的坏话；受到领导批评就怀疑别人在背后打了小报告；听到别人的闲言碎语就怀疑是别人故意在毁坏自己的名声，如此等等。猜疑心理害人害己，实在要不得。

生活中猜疑心理的产生和发展与一个人的成长背景、个性特点、自尊心和自信心的强弱、过去的挫折经历以及现在的工作环境等都有着直接的关系。

爱猜疑别人的人，表面上看是怀疑他人，实际上也是怀疑自己，至少是不自信。有些人正是由于自己在某些方面不如别人，别人在说悄悄话的时候，就怀疑别人是在议论他、别人是在算计他。在生活中一个人越是自信，就越容易相信别人，越不容易产生猜疑心理。

除成长环境外，同事之间相处不融洽也容易使人产生猜疑心理。“长相知，不相疑”，反之，“不相知，必相疑”。同事之间不能相互理解、相互包容，自然也容易产生猜疑心。由于工作任务重，压力大，竞争性强，同事之间难免也会有或明或暗的矛盾。由于担心别人会超过自己，不想失去自己满意的岗位或职位，在不知不觉中也容易出现猜疑心理。

此外，生活中也有一些人是由于在过去的交往经历中因为轻信别人而上过当，受过骗，从而产生了对他人的怀疑和不信任。不管哪种类型的猜疑都是损人不利己，都应该避免。

猜疑就像是一条无形的绳索捆住我们的思路，使我们远离朋友和同事，心理会产生无尽的孤独和寂寞，使人陷入越来越深的人际知觉失偏的怪圈中，它既损害正常的人际关系，又影响个人身心健康。因此，与人交往时不能过于敏感，要克服自己的猜疑心理，这就要求我们做到：

1. 优化个人的心理品质。提升个人道德情操和心理品质的修养，提高精神境界，拓宽胸怀，增大对别人的信任度，排除不良心理的干扰。

2. 培养自信。应当看到自己的长处，培养起自信心，相信自己会与周围人处理好人际关系，会给别人留下良好的印象。这样，当我们充满信心地进行工作和生活时，就不用担心自己的行为，也不会随便怀疑别人是否会挑剔、为难自己。

3. 摆脱错误的思维方式。猜疑一般总是从某一假想目标开始，最后又回到假想目标。只有摆脱错误思维方法的束缚，走出“先入为主”“按图索骥”的死胡同，才能促使猜疑之心在得不到自我证实和不能自圆其说的情况下自行消失。

4. 敞开心扉，及时沟通。猜疑往往是心灵闭锁者人为设置的心理屏障。只有敞开心扉，将心灵深处的猜测和疑虑公之于众，或者面对面地与被猜疑者推心置腹地交谈，让深藏在心底的疑虑来个“曝光”，才能消除隔阂和误会。

5. 心胸宽阔，遇事冷静分析。猜疑心往往也和一个人的心胸狭小、草率行事有关。要想矫正猜疑心理，在平时的生活和工作中，就要有意识地锻炼自己的心胸，不小肚鸡肠，遇事进行理智分析，养成正确看问题的习惯，不以偏概全。

比如一个人的猜疑心理往往会受周围人的“流言”影响，“长舌人”的流言往往会加剧当事人的猜疑。遇到类似的事情时，不要过分计较，要冷静分析，更不要急于纵容或反驳，让流言不攻自破。

另外，在对一个人的言行进行认识的时候，要结合以往本人对此人的了解，结合其他人对此人的评价，来理智地分析，多从善意的角度考虑问题，不一味地猜疑责备。只要长期坚持，就会逐渐形成遇事理智分析的习惯，喜欢猜疑的心理也会逐渐消失。

刘凤鸣谈幸福家庭：

◆“天下本无事，庸人自扰之。”适度的猜疑是一种逻辑推理，但过度的猜疑就是一种心理障碍。

◆一个人如果掉进了猜疑的陷阱，必然就会神经过敏，每件事都捕风捉影，变得草木皆兵，对他人失去最基本的信任，对自己同样也会疑窦丛生，严重破坏正常的人际关系，影响到个人的身体和心理健康。

◆让我们为了自己的健康与快乐，从心里努力搬开这块猜疑的石头，让我们的心恢复原来的活泼与弹力，让我们快乐轻松地面对生活。

六、论家长的民主意识和作风

前几年，一篇关于民主建设的论文，曾引起了一场关于民主建设的大讨论，其实，民主不但与政治建设有关，与教育也密切相关。然而，关于民主教育的问题，在目前的家庭教育中，是普遍被忽视的。离开了民主，教育是欠缺的，孩子的发展是不全面的。在民主氛围下成长的孩子，心理更加平衡，人际关系更加和谐，人格更加健全，成长更加顺畅。

那么，什么是民主呢？民主有几个要素：第一，团体中没有绝对的权威；第二，成员之间人人平等；第三，人人能充分表达自己的意见；第四，尊重他人的不同意见；第五，决策遵循“少数服从多数”的原则；第六，共同维护共建的程序和规则。民主制度的建立，民主氛围的营造，应该从这些要素入手。

民主应该成为教育的内容，同时成为教育的方法。我们的社会正在走向公民社会。公民社会中的每一位公民，应该具有民主的意识、民主的作风，否则就无法适应社会，被主流社会所淘汰，发展就会多一种障碍。另外，在教育过程中，用民主的方式对孩子施教，你所教的内容孩子就更乐意接受，就更易深入孩子的心灵，往往会收到更好的教育效果。

民主的品质是性格的一部分，民主的作风是从小养成的，所以，民主的启蒙教育应该从小开始，民主教育的内容首先要在家庭中展开。离开了家庭，民主教育是难以成功的。家庭中的民主教育，应该营造民主的氛围，用渗透的方法进行。

关于家庭民主氛围的营造，建议从以下方面着手：

第一，把孩子看成家庭的平等成员；第二，任何一位家长都不要充当绝对的权威者，不对孩子(及其他家庭成员)施行“暴力干预”；第三，家庭中的每一位成员要学会倾听他人的意见；第四，鼓励孩子勇于表达自己的意见；第五，与孩子有关的决策(对稍大的孩子包括家庭其他重大事务)，家长要与孩子协商，征得孩子的同意，不要自作主张、包办代替；第六，尊重孩子的隐私权，保护孩子的尊严感，未征得孩子本人同意，不看孩子的日记、书信、邮件，不偷听孩子的电话；第七，经常与孩子一道讨论时事、伦理，站在孩子的位置，按新时代的要求来思考分析问题。创造一个民主、和谐的家庭氛围对青春期的孩子来说是十分重要的，让孩子知道他可以公开与你讨论任何问题。

如果家庭氛围允许孩子慢慢走向独立自主，青春期的孩子对自由的抗争就不会太激烈。对于青春期的孩子，家长可采用的有效方式有：增进交流，通过表扬和激励给予支持，并确保你的评论和话语并非指责。另外，“寻求平衡”也是平息青春期暂时风暴的良好方法之一。家长可以在以下方面寻求平衡：给孩子提建议与尊重他的隐私，施以更多的约束与允许他体验生活，监控他的行为与表示信任等。

如果家庭关系建立在民主、平等、交流和相互尊重的基础之上，就能有效地减少冲突和争论。安全、和谐的家庭关系会降低孩子的反抗性和叛逆性，使孩子的心理尽快成熟。

当然，由于孩子还不能正确分辨是非，还不具备足够的自控能力，经常是按照“享乐”原则行事，如果孩子的民主是建立在他自己意志下的民主，这样的“民主”其实是“无法无天”。这样“民主”惯了的孩子，一旦进入有约束的环境，就不能适应，又没有毅力改变自己，他就会感到很痛苦。如果再找不到玩伴，就很容易发展为抑郁、孤独、暴力、对抗的不良心理，甚至自暴自弃。

如果任由孩子自己决定上什么特长班的话，通常不会有什么好的结果，因为孩子是以“好玩不好玩”来界定他的兴趣的。实际上，学习几乎没有一种是完全“好玩”的，它们都伴随着艰苦持久的训练过程。如果任由孩子自己选择，而走遍各种特长班之后，就有可能泯灭了孩子潜在的全部天分。这实在是很可惜的事情。

因此，培养孩子的民主精神是正确的，但是不能从小就什么事情都让他们自己做主，应该是随着孩子心理年龄的增长，循序渐进地逐渐扩大其做主的范围。

总之，父母在家庭管理上要充分发扬民主，属于家庭成员共有的责任和义务，大家要坐在一起商量一下该怎么办，要充分听听孩子的想法，要采纳孩子的合理化建议，切莫一人说了算。属于孩子教育的事情，要尊重孩子的人格，尊重孩子的选择，不要总是用成人的眼光来要求孩子、压制孩子。孩子在家庭、在父母那里能受到尊重和理解，便是莫大的鞭策和鼓励，孩子便会以小主人的姿态积极参与家务管理，尤其在学业上更能发挥主动性和创造性，对自己负责任。

刘凤鸣谈幸福家庭：

◆民主的家庭教育，不仅有助于培养孩子良好的心理素质，更有助于培养孩子的独立性和创新能力。良好的家庭人际关系环境应该是和谐的、民主的。

◆ 每一个成长中的孩子，遇到困难都渴望与父母平等地交流。所以，要做到平等地对待孩子，父母首先就要抛弃那种居高临下的姿态，放下架子与孩子谈话。

◆父母、老师在孩子面前是长者形象，孩子要尊敬师长，但现实中尊重孩子的师长却不太多。这种单向的尊重，无形中使孩子永远处在从属地位，使孩子感到自卑，对孩子的自信是个无情的打击。

七、话说亲人间的“面子”

无论是大人还是孩子，都难免会有爱面子的心理，只是不同的人，他们爱面子的强烈程度有所不同。在生活中，一个过于爱面子的人，一方面会对自己所犯的错误百般地掩饰，同时，他们又会极力地回避错误；另一方面他们对自己的优点会在朋友中夸大，他们对于自己在生活中的一点点优势，会极力地在他人面前炫耀。

比如有的家长，在和人谈到孩子的时候，假如他们家的孩子缺点很多，他们会回避孩子的话题；如果自己的孩子和其他孩子相比有优势，他们就会在公众面前大谈他的孩子，并将事实进行夸大——大人这样的做法会给同事和自己的孩子都造成伤害：对于听者来说，如果他的孩子不如夸的人的孩子出色，他们会在下意识里认为，这个人在夸他自己孩子的同时，也是在贬低别人的孩子；对于孩子来说，如果他听到对于自己不切实际的夸赞，心里会有很大的压力，同时，大人更是在无意识地培养孩子的虚荣心。

死要面子是很可笑的，也是一个人的悲哀。面子是一种支撑伪善的工具，它会培养和隐藏一个人的虚荣心。一般来说，适当爱面子、讲面子是人之常情，但凡事有个度，如果爱面子到了活受罪的地步，结果就会不太好，生活也不会很快乐。

爱面子的心理作为孩子人格的一部分，很大程度上与孩子成长的家庭环境有关。

父母的虚荣心强的话，一般培养出的孩子都很爱面子。而且他们的孩子在这种家庭的氛围下活得很虚伪，所以当他们的孩子在与其他孩子相比处于劣势时，孩子会和他们一样显得很自卑，孩子会对比自己条件优越的同伴持逃避态度；当他们积攒了一些优势时，他们又极力地去炫耀自己，同时他们又会贬低其他的人——这样的孩子很少有朋友，与他相处的人会感到他不实在，他渐渐地就会被同伴孤立起来。

当然，这样的孩子也会使家长有很多的不满意：

第一，别人有的东西他也要有；

第二，和其他的孩子总是有很多矛盾；

第三，常常会对家里人进行欺骗，不说实话。

家长总是希望自己的孩子优秀一些，家长在教育孩子的同时，往往会忽视自己给孩子的印象或者自己对孩子的影响，他们不知道孩子的一些习惯往往与自己的行为有关。

教育就像治病，要从根本上找出原因，才能标本兼治。那种流于表面的，或者说是毫无力度的说教是不会有效果的。

父母是否也虚荣心很强、爱面子，这是能否有力教育孩子的关键。打铁还要自身硬，要想教育好孩子，就要先给孩子一个好的环境并给孩子做好榜样再说。爱面子给人们带来的麻烦和苦恼也是有目共睹的，所以，我们一定不要成为面子的奴隶，应摆脱面子的束缚。要摆脱爱面子心理，我们可以从以下几点来做。

第一，深切认识爱面子的危害。正确认识自己，清醒地分析爱面子的危害。爱面子是一种虚假的荣誉，它可能使我们得到一时的满足，填补一下内心的空虚，但它又会使我们背上沉重的包袱，时刻担心失去给我们带来面子的事物，而一旦失去就会痛苦不堪。

第二，追求真实的荣誉。一切虚假的荣耀都违背了人类社会的基本准则，因而没有生存基础，不但最终会丧失荣耀，而且还要受到惩罚。只有通过自己的劳动和创造为社会做出贡献而得到的荣誉，才是真实可靠的。

第三，树立正确的荣辱观。人活在世界上要有一定的荣誉与地位，这是心理的需要。每个人都应十分珍惜和爱护自己及他人的荣誉与地位。但是，如果过分地追求荣誉显摆自己，就会使自己的人格受到挤压，从而走上扭曲的道路。

第四，正确地对待别人对自己的评价。爱面子与自尊心是有联系的，自尊心又和周围的舆论密切相关。别人的议论、他人的优越条件，都不应当是影响自己进步的外因，决定因素是自己的努力。一个人只有自信和自强，才能不被面子所驱使，成为一个高尚的人。

爱面子就是人们为了取得荣誉和引起普遍注意而表现出来的一种不正常

的社会情感，所以，想要有所作为就要克服自己爱面子的心理，让自身变得宽容、大度、淡然。

刘凤鸣谈幸福家庭：

◆虚荣心是一种被扭曲了的心理，是自尊心的过分表现，是一种追求虚有其表的性格缺陷。这种心理是我们前进的障碍，所以，我们要将它搬走。

◆如果孩子取得成绩，做父母的就沾沾自喜，孩子犯了过错，家长就自责，觉得没管教好孩子，脸上无光，就会让孩子感觉到自己所做的一切都是为了父母，从而就会感到不满，对学习失去兴趣，还容易形成逃避责任的习惯。

◆虚荣心是愚者的最爱。

八、亲人相争，赢也是输，输也是输

心理学家认为，现代人要想在社会中获得成功，首先必须具备不服输的性格，但在婚姻生活中恰恰是相反的；成功美满的婚姻往往存在于那些懂得和擅长于把握“输”的技巧的人。

夫妻双方在兴趣爱好、教育子女、亲友关系、投资理财等方面均会有不同的观念，因此产生一些分歧和摩擦是很正常的。这时候，问题的关键并不在于具体的事件，而在于计较到底谁在家里占主导地位，还有自己被尊重关爱的程度。在许多人眼中，放弃控制权或在争论中主动妥协是一种软弱和无能的表现。实际上，家庭问题中的赢家不一定是胜利者，如果相争，赢也是输，输也是输，反而是主动、暂时认输的一方最终得到的会更多。

我们从婚姻中最想得到的是什么？如果是爱与被爱、关心与被关心，那就必须互相谦让，互相尊重。婚姻就像一座两人共同建立的花园，只有一起种植、培土、浇灌，才能培育出美丽的花朵。没有爱的付出与牺牲，只想获得永久的回报，是不可能的。在夫妻争执中，你的认输，表明你对对方的深情，对家庭的呵护，事后你的伴侣会理解和醒悟的。

夫妻间的争吵常常令双方都感到痛苦。如果我们听凭自己的愤怒情绪蔓延，那么它会像一把双刃剑，既伤了对方也伤了自己。

较好的处理方法是，在争吵中不要去想自己多么有理，多么委屈，应该更多地看到对方的痛苦，让自己平静下来，主动后退一步。待双方都冷静下来后，再进行解释。

夫妻间只要站在平等的地位上或经常与对方调换角度思考问题，那么很多矛盾都能够得到谅解、理解和化解，彼此僵持的局面就会很快冰释。真正的爱情对男女双方来说并不是谁是谁的或谁给谁的，爱的成功与失败是由双方共同来负责任的。

其实，夫妻双方在矛盾冲突时赛输赢是很愚蠢的，又没有听众和观众，无非是为了自尊。是不是不争个高下自尊就被践踏了呢？并不是。

在婚姻上，不相争则双赢，反之就是双输。一赢一输的情况其实是不存在的。当然，这并不是说没有起码的是非，而是说，从感情角度而言，企图分出输赢是不可能的。

家庭生活中，有些事情无法以是与非论之，而是靠彼此的感情调节。你要赢对方，必然同时亦让对方赢你。你认了输，对方亦就立刻输了。

从这个意义上说，不相争，才是赢，双赢。

怎样避免相争呢？

第一，讲究礼仪。在一般人眼里，一家人天天生活在一起，讲礼仪，客客气气，未免太烦琐、太累了。殊不知，家庭也是个小社会，虽谈不上法制约束，但也需要礼仪规范。

因为，假如礼仪失修，家风不纯，严重的还会造成家庭乐章的不和谐。现实生活中不少人家，婆媳关系、姑嫂关系、夫妻关系时常出现“冷冷热热”的现象。做婆婆的常叹息：媳妇终究不是自己养的。媳妇呢，也常常恨得“理直气壮”：婆婆毕竟不是亲娘。基于这种认识，家庭矛盾又怎能不愈演愈烈呢？

家庭不讲礼仪，影响最大者，莫过于孩子。教育理论是很看重环境对人的影响、渗透和陶冶功能的。家庭是一个无可选择、无可规避的环境。近朱近墨，孰赤孰黑，兹事体大，小觑不得！提倡家庭礼仪，构建家庭礼仪文化，其要旨正是为了营造一方既有清纯家风，又不失温馨人伦的氛围。

第二，经常交谈总是有好处的。常言说：灯不点不亮，话不讲不清，理不说不透。夫妇二人经常陷入恶性循环的争吵之中，很大一部分原因就是缺少交流沟通，缺少对对方的理解、抚慰和自我批评。

但在有些时候，争吵是关系不健全的危险信号。陷入这种恶性循环的夫妇很少是关系密切的，经常都觉得对方不爱自己，遭对方轻视。但是只要他们面对现实，解决争端，便会如释重负。

夫妻间的许多争吵有时并不是什么大事情，千万不要动辄恶言伤人，不负责任地提出离婚，或者打孩子出气，或者损坏东西发泄。我们必须记住：如果你想维持美满的婚姻，你想赢得配偶的真切关爱，就一定要明白夫妻之间不存在输赢。若要想赢得对方的爱与尊重，你必须懂得不争高下，不计输赢。

刘凤鸣谈幸福家庭：

◆在爱情领地里，不是双赢就是双输。因为你也许能够在某个问题上驳倒和战胜对方，但也许同时“输”了爱情，这是无法勉强的。

◆走出了“输赢”的误区，夫妻二人才能成为真正意义上的爱情和家庭的主人。

◆家庭礼仪是一种素质，它像健康的鲜血，像美好怡人的芬芳，衡久地在我们身上流贯，在我们中间洋溢。

第五章

治家严，家乃和

王豫《蕉窗日记》："治家严，家乃和；居乡恕，乡乃睦。"

一、解析“家宽出少年”的含义

所谓“家宽出少年”，不单只是指家庭经济环境宽裕。家境再宽裕，如果身心不健康，也是不可能保持青春的活力和生机的。“家宽出少年”更主要的是指家庭成员的心胸宽广，豁达开朗，使整体环境和氛围宽容、融洽。

正如民间流传的这句话：“心胸宽大能撑船，健康长寿过百年。”

心胸宽广，不仅仅是一种良好的心理品质，更是健康长寿的养生要诀。心胸宽广有利于调节人的情绪，保护大脑，使内分泌、心血管、免疫系统、消化系统等功能正常运转，从而延缓人体器官衰老的过程，达到健康长寿的目标。

宽容能使人以理智的心态审时度势，不为沉浮升降所困，不为生老病死所苦。如果有这样一种包容平和的心态，就能从容不迫地处理好社会、家庭以及个人境遇中的种种变化，始终保持平衡的心态。

俗话说：“人生在世，不如意事十之八九，可与人言仅一二。”遇到不如意的事情，如果愤怒、焦躁、沮丧、惧怕、怯懦、憎恨，不仅使自己陷入烦恼与抑郁的恶劣心境不能自拔，甚至还会因不能冷静坦然处置，火上添油，于事无补。

若是心胸豁达，自我宽慰，使自己保持一种恬淡、平和的心境，就能充满乐观自信，就容易把自己的注意力从消极情绪转移到有积极意义的事情上去，使自己的精神状态处于最佳水平。这种乐观豁达的心境，有利于调节人的情绪，起到保护大脑的功效，促使内分泌、免疫系统、心血管、消化系统等功能的正常运转，从而延缓人体器官衰老的进程。

有了豁达的心态，在与人相处时能做到以诚相待，宽以待人，严以律己。凡以豁达胸怀待人待事待己的人，人际关系就会宽松、和谐，就会赢得更多的友谊、更多的朋友。有了这种良好的人际关系，就能实现人与人之间的心灵沟通与情感的交融，在这种人际关系和谐温馨的环境中生活的人，机体中能分泌出一种有利于身心健康的物质，这种物质能把血液的流量、神经细胞的兴奋调节到最佳状态。

翻开历史的画卷，不难看到那些有卓越成就的政治家、思想家、科学家、艺术家，大都是豁达大度、有宽广胸怀的人。

刘备为成大业三顾茅庐请诸葛亮，韩信不与小人计较，能受胯下之辱，无疑都是胸怀宽阔的人。无产阶级革命家，更是有着博大的胸怀。毛泽东为了革命事业，牺牲了六位亲人，他拥有的是“试问苍茫大地，谁主沉浮”和“指点江山，激扬文字，粪土当年万户侯”的英雄气概。

当然，有宽阔胸怀的例子举不胜举，从中可以得出一个结论，就是只有心胸宽阔的人，才能团结一切可以团结的力量，调动一切可以调动的积极因素。

宽阔的胸怀，来自一个人全面的修养。包括知识结构、思想水平、见识多少、道德水准，更主要的是追求的理想和奋斗的目标。

宽容是一种高尚的人格修养，一种“宰相胸襟”，一种大将风度。要坦荡，要宽容，就必须做到互谅、互让、互敬、互爱。

但宽容并不是无原则地迁就，并不是主张善恶兼容，与不良的思想行为和平共处，而是要在道德规范的基础之上相互谅解和支持；要把对别人的宽容与对错误的批判统一，面对违反原则的言行，不姑息纵容。

生活中，一点宽容常会让别人感动一生，一点爱意会让别人温暖一生，一句祝福与鼓励的话语会让别人幸福一生。发生误会甚至矛盾冲突是常有的事，关键是如何解决矛盾。宽容别人，主动原谅他人不小心的过失，用宽容打动别人，这些做法都有利于解决问题，使人际关系融洽。

刘凤鸣谈幸福家庭：

◆互谅就是彼此理解，不计较个人恩怨。人都是有感情和尊严的，既需要他人的体谅，又有义务谅解他人。有了相互之间的谅解，就能保持平静的心境和宽容的品格。

◆互让，就是彼此谦让，不计较个人的名利得失。心底无私天地宽，自觉做到以集体利益为重，把好处让给别人，把困难留给自己，互相之间的矛盾就容易化解，对个人得失斤斤计较是难以和他人和睦相处的。

◆互敬，就是彼此尊重。尊重别人是一种美德，“敬人者，人自敬之”。如果无视他人的存在，不尊重他人的人格，就不会有知心朋友。

◆互爱，就是彼此关心，不计较品质气质的差异，爱能包容大千世界，使千差万别、迥然不同的人和谐地融为一个整体。爱能化解矛盾和芥蒂，消除猜疑、忌妒和憎恨，使人间变得更加美好。

二、家教宽中有严，严中有宽

在家庭教育中，只有父母有了威严，才能言而有效，教育才能少走弯路。

为人父母者，威严是必不可少的，但是要强调的是必须要做到严而有慈。在这个方面，家长对“严”的理解各有不同。有的家长认为“严”就是“厉害”，孩子只有害怕父母，才能有好的教育效果。有的家长则认为“严”就是孩子不听话就要打骂，并且赞成“不打不成器”的说法。

显然，这些看法都是不对的，对孩子采取这种办法也是难以奏效的。如果对孩子动不动就训斥、打骂，孩子就不愿意接近父母，更不愿与父母交谈，这样的家庭教育是很难取得好的教育效果的。简单粗暴的方式不仅不能使孩子改正错误，反而会使孩子的情感和心灵受到摧残，他们会因此变得冷漠、自卑和缺乏自尊心，甚至有的孩子会因为忍受不了父母的打骂而离家出走。

不可否认，绝大部分家长都是非常喜爱自己的孩子的，只是在观念上错误地认为“棍棒底下出孝子”“打是亲，骂是爱”，每当孩子的表现与家长的要求不一致时，就通过打骂来解决问题，这种做法往往对孩子的身心发展造成难以弥补的创伤，其结果不是给孩子带来欢乐，而是痛苦。

严格是有度的。有的父母一门心思要把孩子培养成才，每天不停地提醒孩子做这学那，一不如意就大声呵斥，搞得孩子身心疲惫，渐渐产生逆反心理，原本很听话的孩子开始拖着干、对着干、顶着干，厌学、讨厌回家，甚至怨恨父母。我们所说的严格要求是根据孩子的发展水平和年龄特点，以帮助其取得良好教育效果为前提的。

如果“严”得出了格，超过了度，就会走向反面。

爱孩子是父母的天性，“望子成龙，望女成凤”也是天下父母普遍的心愿。怎样才能使这个美好的心愿变为现实呢？这要看为人父母者怎样把自己的慈爱之心融入管教子女的行为中。在对孩子严格要求的同时，一定不要忘记给予孩子一份亲情的温馨，威严适度，这样才能使自己的孩子学会勇敢地面对生活。

也就是宽中有严，严中有宽。

在这个问题上，家长最难把握，却又极其重要的问题，是把握“严”与“宽”的限度问题。许多家长在这个问题上把握不好分寸，常常事与愿违，陷入苦恼之中。怎样才能宽严并济，适度合理呢?

首先无论宽严，均应以对孩子的慈爱为根本。在管教子女的过程中，如果不是从慈爱出发，抱着为孩子的目的，那么无论宽严都是不应当的，都会对孩子造成伤害。其次要把握宽严的尺度，在大的原则上要严，不能一看到孩子因要求没有得到满足而伤心落泪时，就把原则抛到一边，成为孩子的俘虏。在非原则问题上，要给孩子充分的发展空间，不用干涉太多。最后，父母要与子女保持一定的距离，不能过分亲昵和不拘礼节，要在孩子心目中树立起长者的形象和威信。

现代社会，人们常常视父母与子女之间是朋友关系，但是不可忘记，这种朋友关系不是一般的朋友关系，即仅仅是在人格平等、互相诚信的意义上，而不是不分长幼亲子辈分关系。“长幼有序”，古今同理。只有这样，管教孩子才能达到良好的效果，父母才能把对孩子的美好心愿变成现实。

刘凤鸣谈幸福家庭:

◆在教育孩子的问题上，父母该体贴照顾的时候一定要体贴照顾，该严格的时候就必须严格要求。

◆如果一个人生病了，怎么能不用汤药针灸来治疗呢? 而事实上，也确实没有哪个父母愿意虐待苛责自己的亲生骨肉。从严教育是“诚不得已也”。即使是不得已，也要这么做。

◆爱子与教子要相结合，不要溺爱。父母对子女只知一味地溺爱而不注重教育，对子女在生活方面的要求，总是给予满足，完全放松而不加以限制，长期如此教育，对孩子并没有什么好处，到孩子长大成人后，最终就可能成为品德败坏的人。

三、评说“棍棒底下出孝子”

世间少有不打骂子女的父母。在父母的重责之下，也有不少迷失少年幡然悔悟，走上正途。如此结果，被父母当成打骂子女的收获和教育效果，打骂的教育方式和手段，因此得以沿袭，成为众多父母教育顽皮儿童的当然选择，且乐此不疲。“棍棒底下出孝子”，由此得来。

打骂孩子难道真是教育孩子一劳永逸的良方吗？答案是否定的。在社会学和生理学的意义上，处于弱势地位的孩童，自知武力不及成人，自保的本能反应，使其一时屈从于父母的压制，服从于父母的旨意。表面看，他们是变得乖巧、听话了，实则在心灵深处留下了阴影和隐患。

为什么拳脚、棍棒等体罚手段并不能带来任何益处反而有害呢？

首先，孩子是“人”，是有自尊心的，同时他们又是不成熟的，他们的自我评价能力较低，因此，如果采取打骂的方式，不仅是对其人格的不尊重，而且也容易使他们失去自信心和上进心。

其次，思想品德形成的规律告诉我们，人的品德的形成必须经过思想的矛盾斗争才能产生作用，即思想品德教育过程其实是受教育者将外在的要求内化为自己的品德的过程。也就是我们平时所说的，对孩子或学生的教育，要入其耳、动其心，触动他的心灵。而这种效果的实现，显然只能采取说服教育的办法。因为打骂等体罚的方法，只能触及其皮肉，甚至在一些孩子看来，自己已经为错误的行为付出了皮肉的痛苦，因此也就不再为此错误感到内疚、羞愧了。

以打骂等体罚的方式来教育孩子，不仅没有任何实质的效果，而且还会带来负面的影响。

这主要包括：

第一，使孩子产生抵触情绪，破坏亲子之间的感情：经常遭到体罚的孩子，容易在内心形成一种抵触情绪，促使孩子与教育者形成对抗，长期以往，会严重影响二者之间的感情，轻者会使孩子与教育者之间产生隔阂，缺乏交流，重者使二者之间的矛盾激化，有些孩子甚至会走向极端。

第二，容易扭曲孩子的人格。常在棍棒打骂等体罚的环境下成长的孩子，容易说谎，或者养成残暴的人格个性。有的孩子为了逃避教育者的惩罚，会下意识地采用欺骗和隐瞒的手段掩盖错误；有的孩子会模仿教育者的做法，对其他孩子大打出手，形成残暴的个性，甚至走向犯罪的深渊。此类事例并不罕见，它一再提醒我们，棍棒底下出不了孝子，体罚不等于严格要求。

有越来越多的调查研究结果表明，有暴力倾向的人，大多与幼时家庭暴力记忆有关。特别是暴力犯罪者，他们大多是由父母经常打骂的教育行为塑造而成。

先有感觉后有思维是人类认识世界的普遍规律，孩子的模仿性远远超出人们的想象，特别是懵懂无知的幼童，迫切需要从最亲近的人身上吸取认识经验，父母的一言一行都会在他们心灵深处留下不灭的烙印。父母经常打骂孩子的直接结果，会使孩子认为，遇上自己头痛、伤心，或一时无法解决的问题时，就可以用这种简单粗暴的方式，快刀斩乱麻地解决。这种认识被一再强化，孩子还能从中体会到省心省力、畅快淋漓的惬意，从而为自己日后的待人处世方法、品格形成埋下隐患。

习惯以打骂方式规正孩子行为的父母，其行为背后，往往隐藏着对自己无能的恐惧。因为除此之外，他们再也找不到教育子女的其他好方式。有的父母，可能是在工作或生活中遇到了郁闷之事，便把孩子当成自己发泄情绪的物件。

换言之，父母打骂孩子，并非在惩罚孩子，而是在惩罚自己。既然与教育子女无关，当然不可能收到好的教育效果。负责任的父母，不应把教育的希望寄托在冰冷无情的棍棒之上。

正确的教育方法，应与孩子的个性和德行的形成过程相适应。而教育的实质，是逐渐把孩子的外部积极性的调节因素转变为孩子行为的内在决定因素。据心理学的研究表明，在人的个性形成的过程中，孩子的行为最初是为了满足某种需要（至少是为了保持与父母的良好的相互关系）而产生的，渐渐变成独立的、与原来的需要无关的目的行为。这里并不绝对地否定惩罚的作用，只是想告诉大家，使孩子明白“这样做”的意义的途径是多种多样的。

首先，父母要身体力行，赢得孩子的爱和尊敬，使孩子有最亲近的模仿对象。

其次，就是运用“加强”的机制，通过（不一定是物质的）奖励正确行为，有分寸地惩罚错误行为，逐渐把一定的规范灌输到孩子的意识中去。在惩罚之后要施以父母温情，意在告诉孩子，否定的是孩子的坏行为，而不是孩子其人。

最后，注意让孩子在活动（实践）中体会正确行为准则的意义。比如，给孩子讲孔融让梨的故事，让孩子学会分享，逐步培养(固定)其谦让的行为。

任何一种道德品质，都包含有一定的道德认识、道德感情和道德行为方式三个基本成分。我们可以从提高他的道德认识开始，也可以从培养他的道德感情着手，或从培养其道德行为和习惯做起。而这些道德品质的教育过程，都不是棍棒之下能够做得到的。

刘凤鸣谈幸福家庭：

◆家庭是子女来到人世间的第一所学校，父母就是他们的启蒙老师。但实际上，许多做父母的实在不懂得如何教育好他们的孩子。所谓“棍棒之下出孝子”，就是其中一种错误的教子方法。

◆惩罚的目的在于消除不良行为，但却没有给儿童指明良好的行为方式应该是什么样的。因此，儿童往往会在抑制一种不良行为的同时，产生另外一种不良行为。最后，父母的惩罚，往往给儿童起到榜样的作用，使儿童的攻击性增强。

◆喜欢惩罚孩子的父母，无论在实施惩罚行为之前，还是之后，几乎都不清楚自己是在惩罚孩子，还是在惩罚自己，而且他们几乎都不对此做认真思考。

四、“治家严，家乃和”体现怎样的思想

家庭教育，古人称之为“家教”。现在，一提到家庭教育，人们常认为只

针对父母对子女的思想教育而言。其实不然，除了思想和道德品质的教育（家训）以外，还包括传授学问、知识、技艺等，即古人所称的“家学”。

纵观我国古代的家庭教育，二者是并重的，既强调“家政”“家训”“家风”“家规”，也注重“家学”“世业”“家学渊源”“世代书香”“克绍箕裘”等。纵观政治、军事、文化、学术、科技、艺术发展史，可以看出有不少人才的培养成长，就与严格家教有很大关系。

在教育孩子成长方面，陈嘉庚就是一个很好的榜样。按说陈嘉庚是个腰缠万贯的富翁，供他的儿子阿国的花销是绰绰有余的。可是陈嘉庚知道儿子除了规定的生活费，多领了十块银圆的时候，他气坏了，立即通知账房，从阿国的月费中每月扣回两块银圆，五个月扣清。是陈嘉庚太小气吗？不是，他是让儿子懂得人生要奋斗，不能坐享其成。从此以后，阿国勤俭朴素，不依赖父母，后来成了陈嘉庚事业上的一个好帮手，一家人和睦幸福，家业也兴旺发达。

由此可知，要想家庭和睦、家业兴盛，严格的家庭治理方式是先锋。因此父母应注意做到：

第一，教育要严。与其修饰面容，不如修正心灵。要教育子女重视道德修养，严格要求自己。让孩子懂得是非善恶的道德观念。哪些事可以做，哪些事不能做，哪些事应当反对。并要求孩子不自私，不挑食，不吃零食等。这虽是几句话，可做起来就难了。溺爱、放纵，培养不出高素质的孩子，因此，必须对子女实施严格的家教，时刻了解子女的思想变化、知识增长、兴趣爱好、喜欢什么、看什么书、与什么样的同伴来往、有什么优缺点，如此就能知道你采取什么办法发展其优点和规避其缺点。

第二，环境要好。家长必须为子女的道德修养创造良好的社会环境和家庭环境，重视家庭文化建设。孩子在心理上、精神上的需求如同饮食、玩具一样。家长既要满足孩子的物质要求，更要在精神上不断引导。如家中一盆花草，一张字画，几句名言都会激发孩子对学习的兴趣，有利于孩子情操的陶冶。其他如节假日郊游、参观美展、讲故事、猜谜语、听音乐、唱歌、交流见闻等，都是家庭文化建设。

对孩子进行品德建设、智力培养和感情投资，家长要好自为之，杜绝低级、庸俗、荒诞无稽的书刊、小报，禁止色情的电影、电视、录像，保护子女的身心健康发展，抵制各种诱惑，使家庭教育成为抵制精神污染、拒腐防变的重要防线，成为生产精神文明使者的熔炉。

第三，反对惰性。鼓励孩子多读、多写、多做积极的户外活动，使孩子勤奋好学，善于钻研，思想开阔，兴趣广泛；避免长时间地看电视；要求孩子多骑车、多步行，而不必时时乘车。此外，对子女的教育要经常、要一贯、要连续，不能随心所欲。

第四，重视作业。孩子作业的质量直接影响学习，因而让孩子从小重视作业十分重要。要经常监督作业是否由孩子独立完成，并及时做出评价，使孩子具有上进心，发扬其优点，克服其缺点。不能原谅孩子的抄袭或偷懒。在检查作业时，如发现有错，也应启发他自己修正。

第五，因时而异。孩子成长的每一个时期都有特定的生理、心理反应，父母应敏感、警惕孩子的变化，并适时调整自己的教育方法，要做到因时而异。用社会主义的法制，用崇高的思想来教育；用科学的理论武装孩子，用正确的舆论引导孩子，用高尚的精神塑造孩子，用优秀的作品鼓舞孩子。使你的子女在前进的道路上得到更好的发展。

治家严，家乃和。作为家长，要有远见。育人成才，需要做大量艰苦细致的工作。要用严格缜密的管理教育方式，为孩子的成长创造良好的家庭环境，不给孩子重复不良行为的机会。现在父母多操心，将来却可省事，这种辩证法，是不难理解的。

刘凤鸣谈幸福家庭：

◆父母“望子成龙”“望女成凤”，切莫以旁观者的身份望子成才，必须下功夫，教育子女，勇敢地挑起教育子女的重任，才能帮助孩子成为栋梁之材。

◆家教的好坏，对子女直接产生着巨大的积极、正面的影响或消极、反面的影响。

◆家庭教育是促使成员健康成长的重要一环。

五、基于谬误观念的“严”误人害己

“打是亲骂是爱，不打不骂是祸害。”“树不修不成料，儿不打不成才。”“三天不打，上房揭瓦。”用打骂的方法教育孩子，就是许多家庭世代相传的“教子经验”。很多爱孩子的家长，怀着满腔的爱，却在用恨的方式对待孩子，奉守着“严教”的法则和定律。

他们制定了许多规定，限制孩子的活动，孩子稍一出轨，就惩罚孩子或给予警告，把孩子禁锢得无法挪步。父母的这一做法，对培养孩子的独立性并没有好处，一个在父母的各种“规矩”限制下长大的孩子，没有自己的主见，一旦离开了这些规矩，孩子就会不知所措。在这种环境下长大的孩子，很容易产生“感觉被剥夺”的心理，引发一些心理疾病。

1954年，在加拿大蒙特利尔海勃实验室，心理学家进行了“感觉剥夺”实验。在该实验中，被试者按要求戴上了半透明的护目镜，使其视觉失去作用，又用空气调节器发出的单调声音限制其听觉，同时在他们的手臂上戴上纸筒套袖和手套，用夹板固定腿脚，来限制其触觉。

被试者被安排在几个单独的实验室里，几个小时后，他们开始感到恐慌，进而产生幻觉……在实验室待了三四天后，他们产生了许多病性心理现象：对外界刺激敏感，出现错觉、幻觉；注意力涣散，思维迟钝；产生紧张、焦虑、恐惧等负面情绪，精神上感到难以忍受的痛苦，他们急切要求停止实验。在实验停止后数日，他们的精神才恢复正常。

心理学认为，个体要适应环境，前提是获得的信息必须保持平衡，信息不足或超载都会导致身体机能的严重障碍。信息不足的原因之一就是“感觉被剥夺”，在“感觉被剥夺”的状态下，各种感觉器官接收不到外界的刺激信号，经过一段时间后，就会产生实验中的病性心理。

很多家长对孩子过于关心，用各种规章制度死死地限制孩子，久而久之，孩子很容易由“感觉被剥夺”心理发展为焦虑、恐惧等病态心理。同时，还会激起孩子的怨恨和愤怒，以致形成固执和对抗的心理。这岂不是事与愿违、误人害己吗？

其实，父母们只要肯放开手，就会惊奇地发现孩子的潜力是无穷的，他们能做许多在父母看起来不可能做到的事情。那么，父母具体应该如何做呢？

（一）给孩子自由活动的空间，让他自己往前走

孩子当然喜欢生活在妈妈的怀抱里，但是不能永远这样。做父母的，应根据孩子的特点和能力，扩大孩子自由活动的空间，如鼓励他自己找朋友

玩等。

（二）积极创造条件，让他自己去锻炼

培养孩子，拔苗助长肯定是要失败的，但完全采用“顺其自然”的态度，也不利于孩子的成长。在遵照客观规律的同时，积极创造条件，让孩子去锻炼，这才是父母应该采取的正确做法。

（三）给孩子设置困难，让孩子去战胜

俗话说，穷人的孩子早当家。生活在穷困家庭的孩子，自然要去克服各种各样的困难。但是，现在生活水平普遍提高了，父母应多想办法给孩子设置一些困难，让孩子去解决。孩子在生活中碰到困难，也要让他尽量自己去解决，这样才能培养孩子应对困难的能力和意志。

（四）让孩子自己去解决冲突

和成年人一样，孩子们在一起时也难免有冲突。解决冲突的过程，正是孩子健康成长、走向成熟的过程。当孩子向父母诉说自己遇到的诸如人际交往的矛盾时，父母应鼓励孩子去面对，指导孩子自己去解决，而不能由父母代替孩子解决问题。

（五）给孩子权利，让他自己去选择

孩子的自主性在他的自主选择上表现得最为明显。但不少父母怕孩子选择错误，从来不给孩子选择的权利。这样的孩子长大后，就不能适应竞争激烈的社会生活。父母应主动给孩子选择的权利，并告诉孩子要对自己的选择负责。

（六）给孩子题目，让他自己去创造

创造是自主性最高层次的表现。孩子的创造性不是自然而然产生的，它需要父母的积极引导和巧妙激发。

要想教育好孩子，首先必须走出“严”的误区，必须对孩子循循善诱，以德服人，以情动人，以理育人。要用博大的爱来交换爱，用深厚的信任来交换信任。只有走出“严”误区的家长，才称得上是合格的家长；也唯有这样的父母，才能教育出成功的孩子。

刘凤鸣谈幸福家庭：

◆苛责和体罚不是养成儿童的固执的脾气，便是养成他们不可挽回的怯懦和虚伪。

◆教育孩子应该遵循说服为先的原则，不能一味地采取压服的手法。

◆粗暴的教子方法不但效果不好，而且会给孩子的心灵造成严重的创伤，从而形成不良的个性。同时，又是造成两代人之间心理不相容的根源之一。

六、不要把个人观点当家规

“家有家法，铺有铺规。”国家有治国的法典，单位有有利于发展的规章制度，学校有为学生更好成长的学生守则，家庭也一样，同样需要有利于家庭发展和孩子成长的规章制度，这种规章制度就是家规，它的作用相当于国家的法律、单位的制度、学校的学生守则。

任何规章制度都不同程度地对人有些约束，它告诉我们哪些事可做，哪些事不可为。人与动物的根本区别在于动物永远处于自然状态，可以为所欲为，而人则必须遵守社会规则，有所为，有所不为。人人渴望自由，不愿意受束缚，可自由永远是一个相对的概念，绝对的自由是没有的，人类的活动必须遵守一些规则。

家规一般提倡的是恩威并重、奖罚分明的教育，而不是个人观点偏执一端的教育。

家规如果是个人观点硬性的规定，强迫孩子，孩子是不会遵守的。生活中，许多家长惯用简单的“不许……”“不能……”的方式制定家规，这种硬性规定的做法是不可取的，在孩子身上起不到任何作用。

所以说，现代家庭对家规有很多误解，正因为诸多的曲解与误解，家规只是被当成时代的记忆而留存。根据我的调查了解，对家规的误解主要有以下几点：

（一）家规是家长针对孩子制定的

存在这种想法的家长占绝大多数，他们认为家规就是规定孩子该干什么，不该干什么，为了让孩子听话而制定的。其实，身教重于言教。如果家长自身行为不端，你的家规制定得再好，孩子也不可能去执行，其身正不令而行，其身不正虽令不行。

（二）大家庭才需要家规

一提起家规，一些年轻家长就觉得是很久远的事，是封建社会大家庭的产物。其实，这种理解很偏颇，家规除旧时大家庭的明文细规外，还有一些不成文的小家规，它们具有同样的功效。

（三）家规已过时

好东西是永远不会过时的。历史表明，尽管有些家规存在压制家庭成员自由的规定，但其在家庭内部的管理中，对孩子的健康成长，确实发挥着重要的作用。在今天民主法制的社会里，新型家规的构建，对于个体家庭而言，将会起到促进家庭和谐的作用；对于社会而言，也将会起到稳定社会秩序的作用。

（四）家规是摆设

很多现代家庭没有制定家规的一个重要原因是一些家长认为家规不过是摆设而已。其实，家规成为摆设，责任不在于孩子，而在于家长。如果家长身教做得好，起到榜样的作用，同时能够监督孩子落实，是完全可以达到预期效果的。孩子毕竟还小，主观上不愿受束缚，客观上自制力又有限，若家长能够科学地运用家规，那它必将成为促进家庭发展和孩子成长的宝典。

那么怎样制定合理可行的家规呢?

第一，想要把孩子培养成一个自律的人，首先要让孩子明确，怎么做才是对的。所以，制定家规对培养孩子良好的行为习惯是必不可少的。

制订“家规”应注意以下几点：首先，重视全面素质的提高，不要只针对有关学习的内容，不论是针对全家的，还是针对孩子的，都应全面考虑；其次，对学龄期的孩子，要突出品德教育和良好习惯的培养，因为品德和习惯是孩子全面发展的导向和动力，是成才的基础和保证；最后，家规要合乎情理，既不能高不可攀，也不能松得没有奔头，要在经过努力可以达到的“度”上。

第二，和孩子一起制定家规。最初的家规制定，由于孩子尚小(婴幼儿期)，不必征求孩子的意见，可根据家庭实际状况及孩子的身心特点，由家长制定执行。孩子大一些（5岁以后)了，制定或修改家规必须征得孩子的同意，尤其是涉及孩子的条款，家长要和孩子一起制定家规。

和孩子一起制定家规，不仅表示了家长对孩子的赏识和尊重，而且有效地鼓励和培养了孩子的自律能力和责任感。此外也能消除代沟和矛盾，可谓一举多得。

孩子正处于成长的阶段，可塑性强，家规对他的影响比对大人们的影响更大。因此，让孩子参与家规的制定是很有必要的。

刘凤鸣谈幸福家庭：

◆合理地制定家规，并让孩子能够良好地执行，对于培养孩子的自律意识有很大的帮助。孩子小的时候就养成了遵守纪律、自我约束的习惯，长大后一定也会时刻记得约束自己，不管是人前还是人后，都懂得遵守相关的公共秩序，形成自律意识。

◆家规不是只能由父母制定、孩子遵守的规则，而是要全家人共同制定并予以实践的。

◆家规制定出来，每一条都让孩子明确意思，要让孩子懂得，家规是约束家里每个人行为的准则，有了这个准则，孩子遇到事情的时候，有一把考量的尺子，可以正确地做出判断。

七、严格不能有例外的人和事

随着时代的发展，管教孩子的方式也必须变化。对于现代的孩子来说，家长的威信并不一定是传统意义上的孩子对家长的绝对服从，或是家长对孩子的绝对支配。父母新型的权威形象，应当是建立在理解、信任、尊重孩子的基础之上，既让孩子心服口服，又让孩子理解父母对他的爱。

而要对子女进行成功的教育，父母首先应以身作则。正如列宁夫人克鲁普斯卡娅所说："家庭教育对父母来说，首先是自我教育。"

身教重于言教，这是教育的第一原则。

许多事例证明，一些父母在教育子女上事与愿违，适得其反，其中一条原因就是父母的口是心非，言行不一。一些父母自己做得很差，很不道德，甚至违法乱纪，却教育子女要如何遵纪守法讲道德，焉能不引起子女反感甚至跟你"开顶风船"？

孩子在家庭的日常生活中，和父母朝夕相处，日夜为伴，尤其未成年的孩子对父母的依赖性、模仿性最强，而这时父母在孩子的心目中威信最高。他们认为父母的一切言谈举止都是最标准、最美好的，对父母的一切言行都有强烈的模仿欲望：父母的走路说话、待人接物、欢乐与痛苦等，孩子都看在眼里，记在心上，努力去模仿，无论好坏都照单全收。这种影响是在无意识中产生的，其作用也最直接、最深刻、最持久。

所以，如果想家教收到好的效果，父母就应以身作则。时时、处处、事事严格要求自己，为孩子树立人生的好榜样。

第一，言而有信，说到就要做到。要想得到孩子的信任，父母言而有信，说到做到是至关重要的一点。如果父母经常出尔反尔，答应孩子的事情总是做不到，无果而终，就很难赢得孩子的信任和尊重。如果孩子从父母身上连最起码的诚信和安全感都得不到，他又怎样信任父母，父母又有什么威信可言？

第二，严慈并重，让孩子心服口服。对于孩子的培养，有时候需要严苛一些，该怎么样就怎么样。比如孩子的思想品德、生活习惯以及学习技能等各方面都需要严格要求，让孩子努力做好；有的时候则需要父母以一颗宽容的心来对待孩子，对于孩子做不到或者不愿意做的事情不去苛求，尊重孩子的意见和想法。

第三，走进孩子的世界，做他的好朋友。孩子作为家庭中的一分子，有着作为一个独立个体的权利。父母要想树立威信，就要给予孩子这样的权利，把他放在和自己平等的位置上。做到这一点其实并不难，只要父母想办法和孩子成为好朋友，走进孩子的世界，就会让孩子感受到父母是可以信任的，是尊重自己的，是可以平等交流的。

第四，父母配合一致，切忌双重标准。如果对待同一问题，父母的态度不一，标准不同，就容易滋长孩子的侥幸心理，使孩子变成“两面派”，而且也不容易在孩子面前树立作为父母的威信。

第五，注意自己的日常言行。父母的言行教育体现在生活的每一瞬间，父母不仅仅要注重谈话、教导时以身作则，更要注重平常的言行，潜移默化地用自己的良好言行熏陶孩子。

第六，己所不欲，勿施于人。要求孩子做到的事情，自己必须先做到。如果你不允许孩子看电视了，自己也最好不看，或至少做到不影响孩子的学习。否则，孩子不会将心思集中到作业上，而且他也会产生逆反心理：凭什么我要写作业你能看电视？即使人在书桌前，而心思也早就跑到别处去了。这样的结果是每个父母都不愿意看到的。

第七，勇于向孩子认错。父母平时总是教育孩子知错就改，而一旦面对自己犯的错误，却不愿意直接向孩子认错，觉得这样会失去父母在孩子面前的威信。而事实是，孩子对父母的认错会很善意地接受，并在心里佩服父母的公正，不但不会降低父母在孩子心目中的威信，反而会提升父母的人格魅力。

第八，提高自身的素质。家长的文化素质对孩子品质的教育也有重要的影响。因为影响孩子成长的不仅仅是父母直接对孩子的教导或者是循循善诱，更重要的是父母自身的一言一行和自然流露的人生观和价值取向。通常父母刻意地、有意识地培养孩子，但为此的种种努力会被自己不经意的自我放纵而轻易抹去，而父母注重自我发展、终身学习会对孩子的人生产生极其深远的影响。

父母的言谈举止，犹如一本没有文字的教科书。因此在孩子面前，父母从思想品德到生活小节，都没有小事。要教育孩子具有较高的社会公德，父母自己就必须先成为这样的人；要求孩子积极进取、勇敢拼搏，父母也要率先示范。只有这样，才能对孩子产生积极、深远的影响。

刘凤鸣谈幸福家庭：

◆只有良好的家庭环境才可能培养出智力优秀、聪明活泼的孩子。因此，父母要以身作则，热爱学习。

◆父母是孩子终生模仿的样板。父母的言传身教，对孩子的心理发展和品性形成起着非常重要的作用。教育专家研究发现，孩子不仅在总体上模仿他们父母的生活方式，而且还往往继承与父母相同的个别有害于或有益于健康的行为。

◆家庭是孩子最基本的生活和教育单位，父母的一言一行、一举一动，都是孩子的模仿源。孩子最初的行为习惯都是从父母那里学来的。因此，面对天真的孩子，父母要特别重视榜样对孩子的巨大影响，时时处处为孩子树立好的榜样。

八、威权家庭与民主家庭的对比

在民主家庭里，不仅夫妻间地位平等，民主协商，而且父母与子女在认识、情感、行为上能够协调一致，那么和美幸福的指数远远高于威权型家庭。

而威权型家庭的父母和子女不仅在认识、情感和行为协调上一致性很低，而且家庭气氛很紧张，常常容易产生矛盾和裂痕。

这种家庭的家长只愿看到子女顺从的一面，要求孩子绝对服从自己的意见、做法、命令，说一不二，否则就实行威权以致体罚打骂。在这种家庭中长大的儿童与家庭关系疏远，感到自己在家中毫无地位、毫无温暖和不被理解。子女认为家长的要求是无理的，家长的榜样不值得效法，心中对家长权威不服。儿童发展的结果可能变得唯唯诺诺，无主动性，情绪不稳，神经质；或变得当面一套，背后一套，也可能因逆反心理而胆大妄为，攻击性强。许多问题儿童，其形成的根源在家长，而这些父母还“当局者迷”，先是“严管”，后来管不了则放任不管，把教育孩子的责任推给社会。

一个家庭的民主，就是让所有家庭成员当家做主。那么，家庭民主，究竟包括哪些内容呢？主要应包括如下六个方面：

第一，家庭主导成员的作风民主。家庭民主推行的关键，在于主导成员的作风。即不以家长的身份武断、霸道，不自以为是，遇事与家人商量，允许成员发表不同意见。面对问题，权衡利弊得失，并引导全家形成决议。主导成员要把自己摆在发起人和组织者的地位。主导成员若有这样的作风，何愁家庭民主不兴呢？

第二，思想民主。家庭是社会的缩影，尽管人数不多，然而，社会上的各种思潮都会反映到家庭中来。倘若家庭主导成员硬性地限制，不给予他人表达思想的机会，有益的想法不能发扬，不健康的思想不能暴露，不能及时给予批评指正，久而久之，养痈成患，害人、害已、害家。所以，对家庭成员不同的思想，正面的、反面的、善良的、邪恶的、美的、丑的、正确的、不正确的，统统在家庭这个仓库里倾干、倒净。然后，经过综合分析，分清是非、优劣，去伪存真，弃恶扬善，使家庭成员的思想越来越成熟。

第三，生活民主。为使家庭跟上现代的步伐，首要的条件就是解放思想，开拓思路，群策群力，坚持生活民主的原则。比如，吃饭穿衣怎样安排，年节怎样过，房间怎样布局，文化娱乐怎样开展等。让家庭成员充分发表自己的意见，父母不能强令子女固守旧习，应使家庭生活不断创新。

第四，财务民主。财务是家庭中的经济命脉，也是家庭成员最关心、最敏感的大问题。比如，收入有多少，开支有多大，是盈还是亏。不但家庭主要成员要及时沟通信息，而且凡是较大的开支项目，必须经过全家商量之后，才能实施，切忌一人独断专行，以免因开支不当造成经济损失，使家庭成员之间形成裂痕。更重要的是，通过民主理财的方式，使家庭成员本着“量入为出”的原则，减少不必要支出，协调家庭成员的关系，达到“财尽其用”的目的。

第五，生产经营民主。生产经营，是家庭收入之源，直接关系到全家人的生活好坏和家庭兴衰的大问题，所以，必须谨慎从事，经过全家人的反复讨论而后行，绝不能由一人盲目决断。为了避免这些现象的发生，所经营和开支的项目，必须经过全家人的周密考虑，并且在生产经营所开支的每一个环节上，都要采取民主管理的方法，充分发挥每个人的作用。

第六，社交民主。一个家庭的社交往来，不仅仅限于购物这个小圈子，家庭周围还有街坊邻里，每个家庭成员还有共同的和各自的亲戚朋友，人与人之间，都有直接的或间接的相互依赖关系。比如，买东西要去商店，看病要去找医生，诉讼要找法官，婚丧嫁娶要邀请亲戚朋友……正如常言说的那样："没有用不着的人，没有走不着的路。""与人方便，自己方便。"所以，家庭成员，不能采取"闭门锁家"的方针，更不能限制家庭成员社交，且家庭成员之间，亦不能只凭个人的爱憎干涉他人社交的自由，要相互尊重各自社交的民主权利。

常言道："仨有仨好的，俩有俩薄的，十七的不会十八的。"因为，人与人之间的性格、脾气、秉性、爱好、兴趣、思想和文化修养不同，在社交上不能强制按照一个模式行事。只要符合法律、道德规范的社会交往活动，联系的人愈多愈好，社会的交往面愈大愈好。但是，绝不能利用社会交往的手段拉帮结派，干一些损人利己的勾当，更不能结伙干违法的事情。社交的目的，是为了建立人与人之间正常的关系，以便取长补短，共同勉励，互相帮助，沿着社会主义和谐社会的光明大道携手前进，为实现人类理想的共产主义社会而奋斗！

刘凤鸣谈幸福家庭：

◆民主型家庭家长对待子女，会认定并正确分析子女心理上的新变化，及时看到子女独立自主性、社会化的迅速发展，并对其抱积极的态度。

◆民主型家庭家长对待子女，会尊重子女但不姑息迁就，坚持正确的意见但不绝对化，行使自己的权力但不强制。

◆在民主家庭中，家长言行的强化作用大，榜样作用持续时间长，父母与子女之间的理解随年龄增加而加深；彼此间心理上不会存在隔阂。

第六章

家有万贯，不如出个硬汉

钱大昕《恒言录》：“家有万贯，不如出个硬汉。”

一、家庭是特殊的社会小组织

根据系统科学，系统具有普遍性和相对性。整个物质世界，从自然界到人类社会，普遍具有系统的属性。我们研究的任何一种对象，都是由要素构成的系统，系统与要素的区别，则是相对的。每一个系统对于更高一级的系统是一个要素，而这个系统的每一个要素又各自构成系统。家庭与社会的关系就是如此，如果说社会是更高一级的总系统的话，家庭则是构成社会的一个要素，即社会总系统中的一个子系统。

不过，家庭不同于社会的一般的子系统，属于社会中特殊形态的子系统。因为家庭与社会有着极为相似的结构形式，并且同社会一样，既是一种关系形态，也是一种组织形态。作为关系形态，家庭将社会中存在的各种社会关系，以微缩的形式，高度密集在家庭框架之中，成为人们多种社会关系的组合体；作为组织形态，家庭是人们社会生活的共同体。它既包含着社会生成与发展的基础元素，也包含着社会经济基础和上层建筑的诸多因素。

俗话说："清官难断家务事。""家家有本难念的经。"何至如此？是因为人们常常会被眼前的、日常而琐碎的、不断重复的家庭生活现象遮住眼睛。只有从社会关系的角度，通过家庭关系内在矛盾的特殊性，才能认清家庭关系的本质。家庭关系与其他社会关系的联系和区别主要是：

第一，家庭关系和其他社会关系发生的根据不同。任何一种社会关系都有内在的根据，其成员间联系的根据不同，联系的方式不同，构成了不同的关系。比如邻里关系以居住地为根据，表现为人们毗邻而居；同学关系以学习为根据，表现为人们在一个学校里共同学习；同事关系以事业为根据，表现了人们在一个单位或在一种职业、行业中共同工作；而家庭关系则以婚姻血缘为根据，表现了有婚姻和血缘关系的人共同生活在一起。家庭关系以婚姻为起点，以血缘为纽带。

第二，家庭关系表现了家庭成员之间特殊的互动。家庭成员特殊的交往方式、特殊的互动方式，是家庭关系特殊性的动态表现。家庭成员间的互动既有物质方面的，也有精神方面的。比如物质生产、生活消费、性爱交往、生儿育女、繁衍后代、亲子情感、家庭娱乐等，其中性爱交往、生儿育女、繁衍后代、亲子情感都是其他社会关系中所没有的特殊的交往和互动。

第三，家庭关系以代际为层次。家庭关系和其他社会关系的一个十分明显的区别是它的代际性和层次性。所谓代际关系是家庭中不同代(不同辈分人)之间的交往，具体说可以是一代、两代、三代甚至是四代、五代之间的交往。家庭关系表现了其他社会关系所没有的连续性和承先启后性。代际关系将家庭成员划分在不同的代际层次上，每个人都有确切的层次位置。这种层次位置是由婚姻血缘关系和每个人在这一关系中所处的地位决定的。处在不同代际层次上的人有不同的权利义务和角色扮演要求。

第四，家庭关系最久远、最普遍。马克思、恩格斯把家庭关系说成是一开始就纳入历史发展过程的一种关系，起初是唯一的社会关系。自家庭关系产生以来，尽管出现了许多新的社会关系，但在历史的发展过程中，许多社会关系都消失了，或改变了形态，唯有家庭关系保留了下来，而且保持了它的基本形态和内核。在人类文明史上，迄今为止，无论哪一个地区、哪一个民族、哪一个国家、哪一种社会制度下都有家庭，也都有家庭关系。无论哪一个人，从生到死都离不开家庭，都在家庭中扮演特定的角色，和他人发生特定的关系。

第五，家庭关系最深刻、最密切。和其他社会关系相比，在一定的意义上说家庭关系最密切、最深刻。家庭成员间全面的合作与互动，使他们之间不仅有血缘、姻缘关系，经济上的相互利益关系，事业上的志同道合关系，政治上的相互利害关系，日常生活中的频繁交往和共处关系，还有情感上的深刻联系。这是其他任何一种社会关系所不能比拟的。因此，人们常常用家庭关系来比喻其他关系的密切，比如“我们是一家人”“爱厂如家”“爱社如家”，称关系密切者为兄弟姐妹。正因为家庭关系密切而深刻，所以有人说它对于人的影响是终身的，对人的世界观的形成是基本的。

刘凤鸣谈幸福家庭：

◆家庭是社会的细胞。

◆家庭是社会的结晶体。

◆家庭是社会发展的产物。

二、家庭的二元特性：物质和精神

社会的进步从总体上说呈现出物质增长与精神发展同步化的趋势，物质增长是人的精神进化的基础，精神自由则是物质增长的支撑。然而，在生活中，家庭的物质与精神的不平衡发展现象并不少见，物质增长常常伴随着精神方面的代价。

近代以来，在物质革命狂奔式的发展进程中，人类一味急功近利地追求物欲满足，从而造成了“物质丰裕、精神痛苦”的畸形社会与单向度人。这不能不使今人感到震惊。正如赵永植所说：“来自这种理性的最大生产、最大效率和最大消费造成了物质的王国，使得以人类的理性作为崇高境界的精神作用变得不必要，形成了按计算机指令行动的机械的世界、低级的官能的世界，而退化到了仅仅满足于感觉官能欲望的外部指向式的人类社会。”

实际上，对人来说，物质需要的满足固然是必要的，但精神世界的充实无疑是更重要的价值。人类作为理性与感性的统一体，既是经济的动物，也是道德与理想的化身。人类以血肉之躯生活在世界上，极易陷于物质欲望的烦恼中，但物质不是人类生活的目的，而只是一种手段，因而可以说，真正的人生目标、真正的家庭目标还是以精神为主的。

如果允许物质利益干预重大事务，那就会处处受到限制、约束和警告。人们寻求维持生计所必需的财物，这是正当的权利。但过分地追逐，则不是进取而是贪婪，是不可宽恕的罪过。

人除了追求物质满足外，更要追问人生的奥秘，寻求心理的宁静，关注价值理想，探索可能的世界，从而在精神上为庄严、崇高、神圣留下地盘。精神追求是如此重要，以至于一个在物质方面相对未满足的人，可由充实的精神生活来做出补偿。相反，一个在精神上贫乏与空虚的人，即使物质上多么丰足，也无异于过着动物般的生活。

因此，为克服“人”的危机，今人在推动家庭发展的过程中，应自觉校正家庭的价值目标。

一方面，要突出人在家庭中的核心地位。强调把人看作是现实手段与最终目的之统一体，既要依靠人并发挥人的创造性，又要尊重、关怀与保护人的利益与幸福；应当使人能真正操纵、控制与驾驭人所创造的一切东西，应当使各方面的发展，切实有利于促进家庭、社会的生存与发展，也能推动个人幸福与自由的实现。

另一方面，家庭在致力于满足人的需求的进程中，要把物质需求的满足与精神需求的满足结合起来。赵永植极力主张，要把精神与物质这一对正反关系中处于劣势的精神按一定比例予以强化，促其复活，把精神放在更高的地位。他说："重新找回统率物质文明的人类精神，恢复人类的本来面貌，重建'统一的人类社会'，才是真正救援人类之道。"

为此，在家庭中，应当使经济发展与科学、文化、思想、道德与教育等方面的发展保持适当的比例关系，避免经济发展的片面突进，改变精神文化的滞后与无力状况；应当使精神文化的发展体现理想性与现实性、高层次与低档位的关联，超越眼下的直接的功利层面，导向理想的批判的精神层面；应当以正确的观念、合理的信念与高尚的理想指导调节人们的精神生活，同时又保障个人独立思考与内心追寻的多样性与自由性，使人们得以重建精神家园。

一旦回归到人自己的精神家园中，人就能从有限生命中去体验无限世界的庄严、崇高与神圣，又不断从无限世界中反观人类生命存在的价值与意义；就能超越狭隘的功利追求，找准人生的方向与目标；就能从内心中热爱真善美，拒斥假恶丑，对人的命运做出终极关怀，对自身的行为负起责任。对每一个人来说，这种精神家园才是至关重要的灵魂栖息地，才是家的真正内涵。

刘凤鸣谈幸福家庭：

◆克服人的深重危机，取决于人的重新塑造。人的重塑必须体现人与自然的协调、整体与个体的共进、物质与精神的和谐。

◆走出人的危机，就意味着回归人的自然家园、人际家园与精神家园。

◆不应把物质发展视为全部资源和手段的简单凝结物，而应该把它视为对人类生活质量的改善工具。因此，总的目的应该越来越坚定地集中在人的身上，集中在每个人的“质”的发展上。

三、家家都需要一个“顶梁柱”

每个人的身上都寄托着家庭对他的无限期望，因此唯有对家庭、父母、兄弟姐妹，以及对自己的行为举止、态度负责，才能立足于社会。身为家庭中的一名成员，我们既应享受权利，也应承担被赋予的家庭责任，包括尊重家庭中的伦理关系(尊敬父母、友爱手足)，承担家庭责任，成为家里的“顶梁柱”。这是每个家庭都需要的，也是我们自己实现人生价值的方式。如果一个人在家庭中的责任心难以确立，将来也难以在社会上立足。

家庭是人生的第一所学校，父母则是人们的第一任老师。因此，对于孩子有所担当的责任心的教育，父母责无旁贷。有担当才能够担负起家庭的责任、社会的重任，从而成为国家的栋梁之材。所以，从小就让孩子通过“当家”来体验肩负的责任，这是一个行之有效的办法。而在让孩子“当家做主”

的过程中，以下几点则是更为重要的：

第一，合理“分工”，让孩子明白他是家庭的一员。想要孩子有“当家做主”的权利，父母首先就要让孩子明白：他也是家庭中重要的一员，要承担相应的家庭责任。否则，他只会感到这是父母安排的“任务”罢了，不仅不会欣然接受，反而还会产生排斥情绪。

实际上，孩子的责任感很多时候都是在家庭生活中慢慢形成的。为此，父母要把孩子看作平等的家庭成员，在集体活动的时候把一些简单的家务作为任务分配给他们，渐渐地让他们意识到，自己是家庭的一分子，要承担相应的责任。这样，不仅有利于孩子动手能力的培养，更有利于他对于家庭成员身份的认同，和对家庭责任心的养成。

第二，重大问题的定夺，不要将孩子排除在外。父母不要以为，只有小事孩子才有决策权。其实，事情越大，孩子越应有权利表达内心。例如要为孩子聘请家教或保姆，这就相当于为家庭引入新的家庭成员，而且这两者与孩子的关系密切，如果聘用期较长，他们对孩子的学习、生活、心理的影响也较大。

所以，如果父母有聘请家教的想法时，一定要提前告知孩子，使孩子心理上有所准备，并在一定程度上征求孩子的意见。甚至，父母还可以让孩子自行选择，然后在一旁为孩子“把关”。

倘若父母总是擅自做决定，在孩子毫不知情的情况下聘来保姆或家庭教师，孩子反而会无所适从，曲解了父母的一番好意。更严重的是，孩子会感到自己并不受尊重，自己只不过是父母的“宠物”罢了。既然如此，他又怎么会产生家庭的责任感？！

第三，让孩子做一回“财政部长”。很多家长由于太过疼爱孩子，结果使孩子对金钱没有概念，要什么给什么，应有尽有地满足孩子的各种物质要求。这样不利于孩子的金钱观的养成，也不利于孩子责任感的培养。

父母可以在某一时间段，比如一个月或者一周甚至是一天的时间，让孩子做一下“财政部长”，支配一次家庭的经济，让他负责一家人的衣食住行，安排一家人的娱乐、劳动，等等，让孩子体验一下家长的责任。

与此同时，父母还可以将自己每个月的总收入是多少、必须存多少、以后有什么用处、每个月最多支出多少等情况告诉孩子。如此就能让孩子对家庭的收支情况有基本了解，使得孩子懂得家庭的正常收支情况，从而不把父母当成自动提款机。只有这样，他才会明白金钱的使用是需要规划的，进而可以主动限制自己的行为，提高责任感。

父母要培养孩子成为优秀的顶梁柱，就要让孩子担负起责任来。责任心是帮助孩子成长的催化剂，孩子只有从小懂得为家庭负责，为自己负责，长大后才能承担起生活中更多的责任。如此，孩子才能成长为一个成熟的、有责任感的顶梁柱！

刘凤鸣谈幸福家庭：

◆家，是每一个人的避风港湾。而营造和谐、温馨的家则需要家庭成员的良好关系做地基。

◆如果家庭关系失调，那么就意味着一个人在纷纷扰扰的世界里，根本找不到休憩的地方，就像一叶孤舟漂漂荡荡，靠不了岸。

◆把家变成一个爱意满满的地方，最适合孩子成长，因为家庭的本质就是爱。

四、家庭成员之间更多的是义务和责任

义务和责任心是一个人勇于负责、敢于承担、乐于做事的积极心态，是一个人肯干的深层次动力，是一个人家庭幸福、事业成功的关键所在。

对社会要有义务和责任心，“天下兴亡，匹夫有责”。

对工作要有义务和责任心。有了义务和责任心方能爱岗敬业，尽职尽责，做到不因事大而难为，不因事小而不为，不因事多而忘为，不因事杂而错为；有了义务和责任心方能主动做事，知难而进，积极进取。

对家庭要有义务和责任心，在家里要做父母的好儿女，做子女的好爹妈，做配偶的好伴侣。有了家庭义务和责任心才会有孝心、慈心，才会责无旁贷地担负起赡养父母、抚育儿女的义务，才会做家务也像做自己感兴趣的事情一样津津有味，孜孜不倦。

义务和责任心之重，重于泰山；义务和责任之心，时刻不忘。家庭成员之间更多的是义务和责任心。

家庭义务和责任心是一个很全面的事情，包括赡养老人，抚育子女，夫妻和睦，兄弟互助，婆媳融洽，邻里团结，等等。有一个村庄这样写着评比五星级家庭的标准：父子骨肉情深，夫妻相敬如宾；兄弟情同手足，妯娌亲如姐妹；姑嫂十指相连，婆媳胜过母女。

现在，很多家庭都是独生子女，在家庭中衣食无忧、备受宠爱。他们中很大一部分人比较自我，义务和责任意识淡薄，尤其是对家庭义务和责任心的认识和感知比较肤浅，很多人认为家庭义务和责任心是离他们很远的事情。这种状况显然不利于青年的健康成长、成才，也不利于家庭和社会的稳定和谐，因此，特别需要对他们加强家庭义务和责任心教育。

家庭义务和责任心教育，简单地说，就是立足新时代构建和谐社会和和谐家庭的实际，从人的身心和思想实际出发，对他们进行包含家庭美德在内的义务和责任心教育，帮助他们树立家庭义务和责任感，自觉担当与自己身份相适应的义务和责任，促进自身健康发展。

第一，家庭义务和责任心教育是弘扬中华民族传统家庭美德的需要。家庭美德是每个公民在家庭生活中应该遵循的行为准则，涵盖了夫妻、长幼、邻里之间的关系，在维系和谐美满的婚姻家庭关系中更是具有十分重要而独特的功能。但是，现实情况是很多家庭在生活中没有遵守尊老爱幼、男女平等、夫妻和睦、勤俭持家、邻里团结等家庭美德的基本规范，从而导致许多家庭恶性案件的发生。

对当代人进行家庭义务和责任心教育的过程，实际上就是让他们了解中华民族的优良道德传统的过程，也是帮助他们形成家庭义务和责任心意识、适当履行家庭义务和责任的过程。这种教育自然应该从整个社会的传统道德教育的优良传统和良好方式中借鉴和吸收经验，从而更好地继承和弘扬传统道德中的积极要素。我们要通过分析和鉴别、取舍和改造，剔除那种带有明显的阶级和时代局限的成分，把中华民族传统的家庭美德继续弘扬下去。

第二，家庭义务和责任心教育是构建社会主义和谐家庭、和谐社会的需要。没有和谐家庭，要构建和谐社会是不可能的。从一定意义上说，构建和谐家庭的过程也是构建和谐社会的过程。家庭义务和责任心教育，从家庭的角度说，是为了构建和谐家庭，使家庭成员能够更好地从家庭中感受温暖，使家庭成为家庭成员的避风港；从个体的角度说，作为一种特殊的教育方式，家庭义务和责任心教育是帮助个体完成道德社会化，提高道德认知和道德觉悟，培养健全人格的重要手段。

第三，家庭义务和责任心教育是促进人履行家庭义务和责任的需要。由于现代家庭的特殊性，父母们对自己的子女疼爱有加，而对子女的自理能力、协作精神及义务和责任感的培养不够重视。90后基本上是独生子女，在家庭中成为关注的核心，家庭其他成员尤其是父母投入了几乎全部的注意力在他们身上。过度的关注容易使他们习惯于“饭来张口，衣来伸手”，喜欢被作为“中心”，往往义务和责任意识淡薄，过度自我。

家庭义务和责任心教育的立足点，在于让他们知道家庭成员各自的工作岗位和主要任务，懂得自己在家庭中应尽的义务，理解父母对自己的养育之恩和对自己的希望。通过对其进行家庭义务和责任心的教育，可以培养他们的家庭义务和责任感，增强他们履行家庭义务和承担责任的意识，提高他们履行家庭义务和承担责任的能力，从而促进人自觉地履行各种家庭义务和承担责任。

刘凤鸣谈幸福家庭：

◆义务和责任心是做人的根本。

◆义务和责任心是成功的保障。

◆义务和责任心是孩子幸福的砝码。

五、亲人间的吃亏和占便宜

“吃亏是福”，是清代著名书画家郑板桥继“难得糊涂”后的又一字幅。其中之意也不难理解：做人要能吃得了亏；过于计较个人得失，甚至想占便宜，反而会舍本逐末，丢掉应有的幸福。

吃亏不仅是一种坦荡的做人方式，更是一种睿智的处事方式。能够吃亏的人，往往内心是简单而淡然的。他们不沉陷于是非纷争中，不斤斤计较，不局限在狭隘的自我思维中。这体现的不仅是一种风度和品质，更是一种超越的大智慧。在家庭中，亲人间如果能够勇于吃亏、善于吃亏，不去依赖对方，不去占便宜，那么，不仅不会真吃亏，反而会大家共赢。

夫妻之间不能怕吃亏。家庭是一个最小的单元，两人只能同舟共济，方有幸福的生活。因此，在家庭中唯一的目标是使家庭生活幸福、美满，为实现这一目标，一切都可以调整。

有的丈夫有大男子主义，只愿妻子在家照顾自己。这是一个很不好的想法。因为妻子对一个男人来说不仅仅是助手、帮手，她还是你精神的伴侣。长期把妻子置于家中，妻子的精神就会衰变，而整日在外的丈夫有一天会突然觉得她失去了光彩，不再吸引你，于是家庭的裂痕就可能出现。所以，在家中，丈夫多干些家务并不是坏事，自己多花些时间，但却与妻子增进了感情。

同样的，一位妻子若只想自己的享乐，从未把帮助丈夫列入自己的计划，下班以后，晚上活动不断，日日晚归；如果在家也只是干自己的事，玩自己的，对丈夫不问不管，这样的妻子是够痛快的，但终究会失去丈夫的爱。一个妻子要支持丈夫的事业，这样虽然个人少了一些娱乐的时间，但收益却是无穷的。情爱之道的糊涂学在于想对方、为对方，看起来很吃亏，但实际上是吃亏越多，幸福越多。

一个家是由两个人维护的，那么以谁为主？两个人都是有事业的，那么家务由谁来做？家庭生活里这些矛盾是不可回避的，怎么办？

多想对方，少想自己，多做贡献，多做牺牲是最好的办法。

在有了孩子后，也要从小开始就培养孩子的吃亏意识，不能老想着去占便宜。与人相处，吃亏是福，吃亏包含了豁达和宽容，利于修身养性。

少数家长没有主动、细致地给孩子讲吃亏的道理，甚至还给孩子灌输不吃亏、占便宜的道理，纵容孩子去与同学争，最终使孩子受到伤害。那么，如何让孩子明白吃亏是福的道理呢？

1. 学古代人之风。古人交往常常以吃亏为荣，如借邻居半碗米，还时给一碗；借邻居 9 个鸡蛋，还时给 10 个；借邻居 20 个铜板，还时给 21 个，这种吃亏是自愿的，是人与人交往的基本原则。要主动学习古人的交往方式，要想着多给对方一点，多帮助对方一点。

2. 助人为乐，快乐交往。平时要主动帮助人，关心人，急别人所急，想别人所需，帮别人所难，不要斤斤计较，要敢于付出精力、时间和物质，最终才能赢得别人的赞誉和尊重。

3. 不能有所图。无论帮助别人做什么，或者主动想干什么，都要建立在自愿、主动的基础上，不要抱怨，更不能心存不满，为了蝇头小利去与别人争。

4. 家长要以身作则。在孩子面前，家长要大度，要有吃亏精神，让孩子在家长身上感悟到吃亏的风度，明白做人的道理。

吃亏是一种境界，能直接反映出人心向善的一面，能积累人气，赢得无数人的尊敬。

刘凤鸣谈幸福家庭：

◆大简者必成大智，大亏者必获大福。做人就不妨抛开是非的争辩，给自己一片广阔天空。

◆不计较一时长短，不在乎个人得失，怀着简单而纯明的心，吃亏而后得福。过分斤斤计较，在貌似得到眼前小利的同时，繁杂了思想，负累了心灵，也许更重要的是，失去了长远的福报。

◆在物质利益上不是锱铢必较而是宽宏大量，在名誉地位前不是先声夺人而是先人后己，在人际关系中不是唯我独尊而是尊重他人，如此，以吃亏为荣为乐，势必也会赢得人们的尊重和欣赏。

六、富有人家，守成是个大问题

财富不外乎两种形式，一种是物质财富，一种是精神财富。精神财富是人的本质需求，但它的获得是以物质作为基础的，而人在获得物质财富的同时又会得到精神财富。因此，二者是和谐统一的。

创造物质财富的过程就能获得精神的丰收。因为创业过程中的发现、经验、乐趣、感悟以及战胜困难之后获得结果时的成就感，就是一种精神的享受。

根据马斯洛的需求理论，人的需求是分层次上升的，基本层面的是物质需求，高层次的是精神需求，人生的目的就在于不断满足精神方面的需求。而无论是精神需求还是物质需求，都要以物质财富为基础。有了物质实力，就可以通过多种方式去满足精神，追求幸福。

从本质上来说，获得精神财富和满足精神需求才是找到幸福的最终途径，拥有金钱只是一种形式而已。但为什么人会不停地赚钱，钱越多越不满足，钱越多赚钱的劲头越大？为了拥有！

拥有就是一切，人活着就是为了不断地拥有，但拥有只是一种无穷的欲望，并不具有多少实际意义。人赚钱再多，一天只能吃那点儿东西，睡觉只需要一张床，吃得太好受不了，睡得太宽没必要。

千金散去还复来，钱是身外之物，生不带来，死不带去，其实有钱的感觉并不在于钱本身，钱对富人的价值不是享受，也不是数字，很多时候在于它能给人以精神的享受和满足。有钱就有尊严，有钱就是有本事，有钱就是上等人，有钱就是成功的标志，有钱说话就有人听，病了就有人管，有钱的感觉真好！

其实，人拥有的财富再多，都是暂时的，社会才是财富永恒的主人，不论是流动资金还是固定资产，最终都将回归社会。人拥有财富是为了体现人的价值，其实并不能真正占有财富。真正可以占有的、可以带入棺材永恒保持的是人的精神，是精神的富足给人带来的幸福感，是在创造财富的过程中获得的乐趣。

守住财富在于经营财富，而最终目的是为了享受幸福，而不是当“守财奴”。“守财奴”只有精神的痛苦，而毫无幸福感可言。

守住财富的最高境界是创造财富，守住幸福的最高境界是发现幸福。其实，创造财富的过程，拥有财富的感觉，发挥财富的价值，这就是人生最大的幸福。

此外，就物质财富而言，要想在富裕之后守住财富，不让财富顺风而来，顺势而去，还需要具备三个条件。

首先，控制自己的欲望，不要肆意挥霍。穷人致富之后最容易犯的一个错误就是享受金钱、胡花滥用，通过金钱去满足自己的各种欲望，吃喝嫖赌抽，一样都不能少。结果经常是只关注了欲望和享受，而忽视了事业，或者是因此而花光钱财，惹出了麻烦，再度陷入贫穷。

其次，要学会理财，具备守住财富的能力。财富需要经营和打理，否则，再多的财富都会因不断地花销而减少，同时，闲置的资金还可能会因为市场的因素而贬值。要是遇到突发事件，一次就可能将你积累下的大量财富消耗干净。因此，学会经营财富，使已有财富不断增值，这是保证财富安全，以求持久富裕的唯一手段。

最后，就是提高自己对财富的理解与认识，保证精神的健康和进步。这是对前两条的补充，也是实现前两条的基础，更是对个人财富观念的一种升华。没有健康的精神和思想，人就很容易陷入无休止的欲望之中不能自拔，这样就没有心思去发展事业、学习经营投资的方法，也就不可能持久富裕。而不再受欲望的牵绊，并且不断提高自己的经营投资能力，这本身就是一种进步，一种精神财富。

轻松赚钱，快乐生活，人生不要被赚钱所累，更不要被花钱所害。工作本身就是一种生活方式，赚钱的目的就是为了活得快乐幸福。因此，在赚钱的道路上，无论你条件如何艰难，身心如何痛苦，都要保持精神的愉悦，守住财富，守住幸福！

刘凤鸣谈幸福家庭：

◆一个人要致富不难，难的是一辈子做富人，因为守住财富才是人的能力、素质、修养的完美体现。

◆作为一个真正的成功者来说，财富不仅有物质方面的，还有精神方面的。

◆真正的财富是创造财富的能力，是经营财富的能力，是守住财富的能力。而所谓的幸福，更应该是精神的富足，是心灵的舒展，是个人价值的不断实现。

第七章

兄爱而友，弟敬而顺

《左传·昭公二十六年》："兄爱而友，弟敬而顺。"

一、兄弟关系，情同手足

自古以来，兄弟关系被认为是人世间最亲密的关系之一。人们常用“亲如兄弟”“四海之内皆兄弟”“情同手足”这类词语来形容兄弟关系的亲密。

兄弟关系之所以有亲密的性质，是因为兄弟关系具有三个特点。

第一，兄弟是血缘近亲。同父同母，同父异母，同母异父，这种血缘的纽带，把兄弟姐妹们联结起来，彼此产生一种天然的“同源”亲密感。

第二，兄弟是同辈伙伴。无论在以亲子关系为中心的传统家庭，还是在以夫妻关系为中心的现代家庭，兄弟都是处在同一辈分上，这种同辈伙伴身份使他们产生一种天然的平等感。

第三，兄弟的思想感情相近。兄弟年龄相近，所处的家庭环境和社会环境基本相同。幼年时，吃同桌，衣传服（老大衣服老二、老三穿），学则同业，游则同方，因而彼此在理想、情操、价值观念、爱好、见解等各方面，都比较相近或相通，有较多共同语言。这三个特点是一般人际关系所不可能同时具备的，所以兄弟关系非一般人际关系可比。

但是，在传统社会和传统家庭里，这种兄弟关系因传统家庭嫡长继承制和男尊女卑的观念而受到严重扭曲。

当代社会破除了封建家庭的嫡长继承制和男尊女卑的观念，建立了新型的平等的兄弟姐妹关系，使兄弟姐妹之间的平等得以真正实现。兄弟姐妹之间，只有性别差异和年龄差异，没有人格差异，大家都是平等的。

但是，在实际生活中，由于复杂的主客观原因，各兄弟姐妹的生活经历、文化程度、经济收入、思想观点等各不相同，兄弟姐妹之间也会发生矛盾，甚至引起严重的冲突。对于这些矛盾，当然不能用传统家庭的兄弟伦理来调节，而必须用现代家庭的兄弟伦理来调节。

现代兄弟伦理的第一个要点，是要求兄弟姐妹共同尊亲养亲。父母是诸位兄弟姐妹联系起来的纽带，没有父母，就没有他们。

所以兄弟姐妹应当牢记养育之恩，共同尊亲养亲。在尚未成家立业之前，兄弟姐妹应该在尊亲的旗帜下，团结起来，一起帮助父母，减轻父母的负担，例如帮做家务，关心父母的身体健康，作为兄长或姐姐的，要帮助父母照料弟弟或妹妹。

在农村，兄弟姐妹还应在力所能及的范围内从事一些生产劳动等。成家立业之后，父母一年年衰老，兄弟姐妹应该在尊亲的旗帜下，团结起来，一起赡养父母，使父母安度晚年。当然，经济条件较好的兄弟姐妹，应该多承担些义务，但经济条件较差的也有不可推卸的责任，要尽力履行自己的责任。要坚决反对那种不赡养父母的不道德行为。至于在现实生活中常见的那种兄弟姐妹之间相互推卸赡养父母的责任，致使父母流落街头的行为，不仅是极不道德的，而且也是法律所不容许的。

现代兄弟伦理的第二个要点，是兄弟姐妹之间要互相尊重、相互关心、相互帮助。兄弟姐妹之间的关系，在婚前和婚后有很大的不同。

婚前，兄弟姐妹围绕父母这个中心转，保持和父母的亲子感情，彼此之间自然亲密，这时做到相互尊重、相互关心、相互帮助是比较容易的。结婚以后就不同了。他们各自成家，各自有自己的妻儿，变成了多个中心。兄弟姐妹之间较疏远了，感情容易淡薄。因此，兄弟姐妹必须自觉认识到这一点，主动地弥补这一点，加强联系，沟通感情，相互帮助。

例如，经济上相互接济，家务上相互帮忙，逢年过节相互走访，一旦有人生病或遭难，别的兄弟姐妹要去探望，给予帮助。在农村，许多兄弟姐妹利用这种亲缘关系，创办企业，为发展农村商品经济出力，共同走上富裕之路。

刘凤鸣谈幸福家庭：

◆孝为百行之源，然孝是对父母所行的道。同一父母所生的，就为兄弟，若兄弟间不能相亲相爱，父母一定忧心，孝道仍不能圆满。所以孝敬父母，就得和睦兄弟。

◆兄弟之道就是“悌”字，悌道也是出于天性。

◆关键时刻见真情。兄弟和睦，互相帮助，又有什么困难克服不了呢？

二、遇到不通情达理的兄弟怎么办

遇到不通情达理的兄弟，不要一味强调自己的立场，应该避开双方相持不下的情况，为自己找到绝佳的出口。懂得以巧妙的迂回战术避实就虚，才是聪明人获得胜利的关键因素。

即使有时明明你是对的，理在你这里，但是为了达到真正的劝说效果，也为了不伤彼此间的感情，也不要“气壮”。宽容、忍让往往比理直气壮会收到更好的效果。

孔子说：“薄责于人，则远怨矣。”宽容、忍让不但是仁爱的体现，也体现了一个人的修养和高尚的品格，同时更能化祸为福，使自己轻松无忧。少责怪别人，对别人多谅解、多宽容，凡事采取息事宁人的态度对待，不仅是给对方留有机会，更重要的是给自己也争取了更广阔的余地，远离了怨恨，只有大智慧、大度量的人才能做到。反之，喜欢无事生非的人，往往会给自己树立敌人，最后吃亏的还是自己。

正所谓“君子坦荡荡，小人长戚戚”，对于一个可以容忍兄弟，不计较个人利益得失的人来说，他的胸怀必定是宽广的，从而看到的世界也是非常广阔的；而那些目光狭窄，只计较眼前的微薄利润，为了一时的得失争论不休的人，必定会经常郁闷、生气，心里常常感到不平衡。

对于气量大的人来说，自然是不会主动与他人起争执的，同样，在面对他人挑衅的言语或是行为时，也会本着“大事化小，小事化了”的原则，采取一种息事宁人的态度来处理问题。这样做当然不是为了逃避问题，而是确确实实地想要解决问题。试想一下，如果将小事闹大，对双方都没有好处，原本两三句话就能解决的事情，最后反而会闹得不知如何收场。

《菜根谭》上说：“天地之气，暖则生，寒则杀。故性气清冷者，受享亦凉薄。惟气和心暖之人，其福亦厚，其泽亦长。”有原则地选择宽容、忍让，这种人自身的性格定然会是温暖而热情的，由此获得的福分绝不会少；反之，待人冷漠无情，自然也就福薄恩少。

家庭中，与兄弟因利而产生争执，不妨大方地忍让一下，双方互有所得——他得到的是自己最看重的利益，而我们得到的是轻松、自在的生活。如若不然，与这样的人产生争执只会是无休无止的，最后就连我们自己想要过简单的生活也不可能了。

当然，如果现实中有的兄弟“损人不利己”，他们做事总是不考虑后果，只图一时的痛快，事过之后，对自己是有利的还是有弊的全然不管。这样的人通常属于亡命之徒，与其和这样的人计算得失，不如相逢一笑，各过各的日子方为上策。

有些人事事都要弄个明白，什么事都要讨个说法，这些人看似聪明，其实智商很低。因为家务事就永远说不清，俗话说：“清官难断家务事。”因此，处理家务事的最好办法就是装糊涂，宽容忍让，和谐为上。

这就是治家的学问，这就是治家的灵丹妙药！

反之，如不这样，而是处处精明，这样的家庭十有八九要破裂。

其实，这正是中国传统文化之精髓，中庸是治家妙用之法。《礼记》中有言，“父子笃，兄弟睦，夫妇和，家之肥也”，讲的正是这个道理。

刘凤鸣谈幸福家庭：

◆宽容是一种智慧，是明辨大小轻重，从而进行取舍的智慧。

◆宽容是美丽的情感，宽容是良好的心态，更是一种积极向上的正能量。能够宽容别人的人，其心胸像天空一样宽阔透明，像大海一样广阔深沉。

◆宽容是一种高贵的风范、崇高的境界，是精神成熟、心灵丰盈的体现。有了这种风范、这种境界，人就会变得豁达，变得成熟。

三、当大方遇到小气

生活中，总少不了得与失的交换。如果我们患得患失、斤斤计较，那么就可能因局部而毁全局。一池一地看似很大，但在国家面前来说，却不值得一提。人生也一样，不要总把个人的得失看得那么重要，如果只专注于眼前，小家子气，那么必定失去长远。不争一时短长，给自己制造一个好的环境，大大方方，全心投入长远利益，那么眼前失掉的以后都会得到加倍的补偿。

大方是一笔巨大的财富，是人性的高层境界。古语云：“大方集群朋。”大方是一种艺术，大方对人，不是懦弱，更不是无奈的举措。学会大方，能使生活中平添许多快乐。

大方是一种强大的力量。它能化害为利，化敌为友。大方往往能够使对方从中吸取教训，重新审视自己的行为。毕竟人心不是靠力量可以征服的，大方的温暖的光芒可以融化一切心灵的坚冰。

当大方遇上小气，不必计较。智者永远不会在得失间斤斤计较。

按照中医理论，如果人体的阴阳达到平衡，气就会顺畅，清气自然上升，浊气必然下降。而科学家经过研究得出的结论是：容易计较的人比心胸宽阔、不爱计较的人的寿命短。如果把一个人呼出的气体导入一种液体里，结果是：当一个人处于平静状态时，液体无明显变化；而当一个人正在为某件事计较时，液体会变得浑浊不清。这就说明喜欢计较的人破坏自身身体机能的正常运作，影响了阴阳的平稳，进而影响了自己的身体健康。

一个人在生活中尤其需要大方。气量狭小、遇事斤斤计较的人，就会增添生活中的烦恼，他在生活中就会处处碰壁，烦恼无限。而能以实际行动理解、包容别人的人，也会得到别人的理解与包容，从而获得更多的幸福。

计较有损健康，所以我们不可太计较。现实生活中，包容那些让自己计较的众多事物。轻松地工作和生活，理智地处理各种不愉快，不放纵自己的感情，大方的人生才是幸福的人生。

生活中的人多少都有点疲惫不堪，善于调理和控制自己的情绪，把计较的不良情绪消灭在日常生活中，才能换来轻松愉悦的心情。

用包容的心去面对让自己计较的事，因为毕竟计较是解决不了任何问题的。不要认为计较是正直、坦率、豪放性格的表现，其实退一步也不意味着懦弱，反倒是化解矛盾的良策，如果由此冰释前嫌，换得的是云消雾散，海阔天空，何乐而不为呢？

我们活着的时候每天都得到了大自然无私的赐予，我们无偿地享受着阳光，呼吸着空气。同时，我们又被自然界的规律回收着每个人都无比珍惜的青春，大自然是公正的。

也许在一个短时期来看，你比别人少得到了，但是放在人生的长河中来衡量，得或许是失，失或许是得，这都是无法预料的事情。

人生的风光和失意，只有自己最清楚，何况无论多么风光或多么糟糕的事情，一天之后便会成为过去，只要能够敞开胸怀，便没有什么大不了的，何必太在乎呢？有些时候迫切应该改变的不是环境，而是我们自己本身的心态。

夕阳如金，皎月如银，生活中的幸福快乐还没享受完，哪还有时间花在计较上呢？当遇上“小气”，我们要学会“不计较”，养成开朗乐观的好性格，做一个有头脑、有理智的人，去包容人生的不平事。笑看人生，养成不为小事而计较的性格，用乐观的心态去诠释生活，我们生活的每一大就能过得快乐而充实。

刘凤鸣谈幸福家庭：

◆大方而不斤斤计较是一种美德，怀有这种美德的人将会避免很多不必要的精神困扰，始终怀有愉悦的心情去生活。

◆塞翁失马，焉知非福。只要换个心态、换个角度看待得与失，不斤斤计较，就能拿得起放得下，拥抱朝阳。

◆活着，我们就必须面对生活，就必须面对种种困惑。当你从一个狭小的房子里退出来的时候，会有更多漂亮、适合于你的房子供你选择；当你从紧抱着的一棵树上下来的时候，也许你会发现整个森林都可供你选择。

四、兄弟易结仇的几种情形

中国人说：“凡今之人，莫如兄弟。”“血总是浓于水的。”这些论断之所以一直被人引用，是因为这些话揭示了血缘关系的牢固性。兄弟两人打架，打得鼻青脸肿，但过不了多久，在父母、亲友的调解下，或者看在自幼“食则同案，衣则传服”的情分上，两人尽释前嫌，依然和好如初，这种事例经常可见。反之，朋友之间发生争吵，虽说是“君子动口不动手”，但要“和好如初”却几乎不可能。之所以会有这种区别，根本原因是血缘关系比其他的社会关系更为牢固。但是如果兄弟之间的利益冲突很大，那么事后兄弟两人也可能就此“老死不相往来”了。

兄弟之间矛盾的激化，从时间上来说，大多发生在兄弟们各自成婚之后。婚前和婚后，兄弟关系表现出不同的特点：婚前，兄弟们围绕着“父母”这个家庭中心，各方面的利益基本一致，而且，热爱父母的共同心态使兄弟自然亲密；婚后，兄弟们“各妻其妻，子其子”，利益的中心发生了转移，于是“虽有笃厚之人”，骨肉之情“不能不少衰也”（《颜氏家训·兄弟》），所以说，婚后兄弟关系发生变化的另一原因是双方的妻子儿女的影响。

总而言之，不管为兄，还是为弟，都应有自己的主心骨，兄弟情谊“不为旁人之所移”。我们所要着重指出的是，兄弟易结仇的几种情形，我们对于这些情形应该有正确的认识和充分的准备。

第一，家庭伦理道德观念缺失。由于社会的变迁，人们的婚姻观、家庭观发生了巨大的变化，在西方的伦理道德冲击下，传统的家庭道德规范被打破，新的家庭道德规范作为标准尚未建立起来，人们在思想行为上无所适从。在这种情况下，西方的性解放、性自由的思想观念及行为恰恰迎合了一部分人的放纵思想，于是他们开始尝试“婚外情”“婚外性”等消极的生活方式，卖淫、嫖娼现象更是常见。由此而产生的家庭纠纷、家庭暴力、家庭解体及犯罪现象有增无减。

第二，家庭外部压力无法排解与宣泄。有调查显示，现代家庭中成员的生活压力是20世纪50年代的25倍，在一些下岗、无业者及贫困家庭中表现得更为突出。如果找不到工作或整天疲惫不堪，那么在生活及心理压力过大的情况下，他们很容易对生活失去兴趣，根本没有心情去经营感情，在家庭中交流的时间和机会也就越来越少。如果内外压力得不到很好的释放和合理的宣泄，就会将工作中的挫折、不快的心情带到家庭内部，那么家庭就由原来的心灵港湾变成了宣泄、释放的场地，家庭成员也变成了释放的对象，这样必然会在家庭中引起更多的矛盾和冲突。

第三，家庭内外关系不协调。兄弟双方的性格、价值观以及文化素质等方面存在着一定的差异，看待问题的角度以及语言行为等方面的不同，使家庭成员内部出现矛盾分歧，如果处理不得当，就会影响家庭的安定团结。父母的赡养、其他亲友的交往、家务劳动的分工等家庭琐事经常成为矛盾的导火索。

第四，家庭内部凝聚力下降。如果家庭成员彼此失去了一定的吸引力和亲和力，就会使家庭凝聚力下降，这是家庭失和的一种表现，也是一种危险信号。当家庭凝聚力降到最低，家庭就有可能解体。

第五，缺乏责任感。责任感是家庭中不可缺少的一部分，作为家庭的个体，在享受家庭所带来的幸福与快乐的同时，更不能忘记对家庭应负有一定的责任，这种责任具体来说就是对子女和老人的责任、对兄弟姐妹的责任、对爱人的责任及对社会的责任。家庭成员缺少责任感必然导致家庭关系失和。

刘凤鸣谈幸福家庭：

◆谦让是为弟的表率，谦让是为兄的楷模，这种谦让的精神，推而广之，是一个城市、一个社会、一个国家，乃至整个世界和睦相处的基本要素。

◆骨肉之间尚不能互相谦让的兄弟或姐妹，怎么能奢望他们会在社会上对同学、同事、同胞谦让呢？

◆一个遇事不能谦让的人，在任何的社会团体中都是不受欢迎的。为了在这个充满着矛盾的社会上安身立命，每个人都应该培养自己的谦让精神，从家庭中做起，从同胞骨肉身上做起。

五、一怕算计，二怕计较

在我们的生活当中，每一件事情对于陷入其中的我们来说，都可能是收获大于损失，也可能是损失大于收获，更有可能是得失相当的。如果我们对每一件事情上的得失都进行算计和计较的话，那么我们会活得非常累，会失去更重要的东西，比如幸福、快乐、爱……

其实，人活于世，有多少欲求，便会有多少烦恼。无欲无求，也就是无烦无恼了。虽然我们达不到无欲无求的境界，但是至少可以做到少欲少求。

虽然人生当中有一些事情，需要我们较真才能够成功，但是在生活当中却不能够太较真，不能够在得失上过分计算。在与人交往时，太过斤斤计较自己得失的人是没有好人缘的。他们为了一点小小的利益与朋友争得面红耳赤，从来不肯吃一点小亏。表面看来，他们似乎也因为自己的“聪明”而获利不少，实际上这正是与人相处中的一大禁忌。人与人之间最忌讳的便是计较和算计，哪怕只是小小地施用了一次，自身信誉度就会在交往圈里下降，彼此之间的关系也会随之变得脆弱。

有的人与其他人关系不好，就是因为过于计较自己的利益，甚至是锱铢必较，久了难免引起人们的反感。而这种做法可能会给你带来眼前的一点好处，事后却会发现自己因为这些蝇头小利失去很多，流失了良好的人际关系土壤，这样做毫无疑问是得不偿失的。

逃避，不一定躲得过；面对，不一定最难过；孤独，不一定不快乐；得到，不一定能长久；失去，不一定不再拥有。可能会因为某个理由而伤心难过，但是你却能够找个理由让自己快乐。

不算计和不计较是一种雅量，其实人们计较的常常是一些小事，而计较生活中的小事，会落个心胸狭窄气量不够的名声；计较事业上的小事，就会一叶障目不见泰山，耽误了正事；计较感情上的小事，就会以偏概全对人产生偏见，影响两个人的关系。

其实仔细想想，算计和计较所得到的不过是一肚子怨气，失去的却是名声、机会、感情，小利益耽误大事。

当“冤冤相报何时了”的双输，能成为“相逢一笑泯恩仇”的双赢时，你的人生就会充满快乐，你生活中的每一刻对你而言也才会更加妙不可言。不算计和不计较就是豁达，一个豁达而积极的人，又有什么事做不成呢？

那么，怎样才能从算计和计较中走出来呢？

（一）对别人生活、工作中的习惯要给予充分的尊重

任何一个人都有自己独特的生活方式、家庭背景，因此每个人养成的生活习惯也各不相同，尊重别人的习惯应当是最起码的要求。

（二）不要责难对方犯下的小错误

《菜根谭》中写道：“攻人之恶毋太严，要思其堪受。”这句古语告诫我们，攻击别人的错误不可太严厉，一定要考虑对方的承受能力，否则虽然泄了一时之愤，但也给彼此关系造成不可弥补的裂痕。

（三）不要对别人过去的错误耿耿于怀

和他人之间的矛盾，总会随着时间的流逝而减淡，抓住过去的恩怨不放是不明智的。忘记以前的不愉快，以后还会是朋友。

（四）不要目光短浅

在交际中想要扩大自己的交际范围，就不要小肚鸡肠，目光短浅，爱占小便宜，要学得豁达一些。很多时候，利益的相争并不能使人快乐，多个知心朋友，推心置腹，有困难时有人相助，那才是真正的快乐。

与人相处，一怕算计，二怕计较。二者都是情感的拦路虎。反之，宽容才是一个人应该具备的品德，也是一种明智的处事原则。我们如果拥有一颗宽容之心，如果能够在与人相处时做到宽容别人，那么就没有处理不好的人际关系，没有化解不了的恩恩怨怨。如此，我们将拥有他人更多的真情，在人际交往中更得心应手，家庭更加幸福，人生的道路也将更加一马平川。

刘凤鸣谈幸福家庭：

◆过分地计较和算计，只会让你在时间流逝中慢慢丢失掉真情。

◆生活中，我们把时间浪费在鸡毛蒜皮的小事上，不仅耗费我们的精力，还会破坏我们的情绪，那是非常不值得的。

◆以计较的眼光看世界，世界很小，只会盯着别人或者自己那么一点的错误，而忽视了整首“赞美诗”。而真正的聪明的人会主动不去计较，甚至还会利用常人的计较心理，达成自己的目标。唯有如此做事的人才能做到游刃有余，不被人事所累。

六、兄弟关系中父母的作用

兄弟不和会让父母感到特别累，尤其是表面上兄弟之间没有任何问题，但实际上兄弟俩对每件事情都斤斤计较的时候。当父母不在身边，两兄弟单独在一起时情况更恶劣，争论的焦点也只是父母更喜欢谁。兄弟俩玩得高兴的时候相处很好，但是当两个人打架的时候就会互相把对方当作仇人，心里都想着“要是没有你该多好呀”。

小学五年级的在赫有一个比自己小四岁的弟弟，在赫说他弟弟对他没有一点礼貌，连哥哥都不叫，他很生气。当问及出现这种情况时他想怎么做的时候，在赫的回答是：“我很想打他一顿，但是怕被妈妈骂，就不敢这么做了。”在赫一边说着，一边委屈得快要哭了。

在赫对妈妈说，以后兄弟之间即使再打架也不要出面干涉，让兄弟俩自己解决，并跟妈妈说把弟弟交给他。

从那以后在赫经常打弟弟，妈妈看在眼里心疼弟弟想出面干涉，但是忍住了，只是在一旁看着，慢慢地发现弟弟越来越听哥哥的话，而且对哥哥也很尊敬。从那以后弟弟也不故意捣乱气哥哥，而哥哥对弟弟也越来越好了。

当再次见面问在赫关于弟弟的事情的时候，在赫很轻松地说：“现在妈妈也不管我们了，弟弟调皮的时候我骂他两句他就变得很听话。”

兄弟之间打架的时候，父母一般对哥哥的要求比较严格。经常会说：“你是哥哥嘛，应该让着弟弟才行。”即使是弟弟不对在先，但最后的结果往往是老大受到父母的责备。所以做大哥的不能理解父母的行为，认为父母不关心自己只喜欢弟弟，感到很委屈。这样长期下去，哥哥的委屈越来越大，也就越来越讨厌弟弟，兄弟间的战争也只会长期持续下去。

当兄弟之间出现矛盾的时候，父母出面干涉对哪一边都没有帮助。如果帮着哥哥的话弟弟觉得委屈，偏心弟弟的话哥哥觉得委屈。如果偏心弟弟的话，会让弟弟认为不论发生什么事情，父母总会站在自己这一边，并以此来鄙视哥哥，这对弟弟的成长并无益处。

如果总是想要战胜哥哥，这样长大之后步入社会则很难与上司或是前辈搞好关系。所以从现在起要让他们学会等级序列，学会听哥哥的话。父母要听听孩子的心声：“父母总是认为我是哥哥就应该让着弟弟，每次都怪我，真的很委屈。”

父母在身边的时候，做哥哥的如果打弟弟的话会受到父母的责骂，所以只要父母不在身边哥哥就欺负弟弟。而且不知道为什么，每次责骂弟弟或招惹弟弟又或者让弟弟吃苦头的时候，气也消了，心情也很好。但是有时候这样做也不能彻底抹去自己内心的委屈，所以兄弟之间的战争只会永无止境地持续下去。而站在哥哥的立场，他们也不想再听到你是哥哥应该让着弟弟这样的话，而且对父母无止境的要求与批评也会产生抵触心理，而且很反感。

这时候应该怎么做呢？——把事情交给哥哥来处理，不管发生什么事情，父母都不要出面干涉。

如果没有什么危险情况发生的话，父母只要在一边观看，让兄弟两人按照他们自己的方式来解决是最好的方法。

当弟弟要求父母站到自己这边时，父母千万不要介入，而是把事情交给哥哥，让哥哥来处理。当然当弟弟挨打之后，哭的时候应该轻抚弟弟安慰一下。但是，这时候应该注意的是要劝解弟弟而不是责骂哥哥。

如果父母偏爱一个孩子而忽视另一个，又或者是出面干涉兄弟间的问题的话，只会激化兄弟间的矛盾。孩子们争吵的原因不是表面的事情，而是从内心深处想要独占父母全部的爱。作为父母的你千万不要忘记，在兄弟关系中，父母的作用更多的是言传身教的引导，而不是生硬的干涉。只有公平无私的爱心，才是对孩子成长和兄弟关系最好的支持。

刘凤鸣谈幸福家庭：

◆公正无私摆脱了私心的羁绊，它开辟了绿色通道，为弱者伸张了正义，使能者顺利地走向坦途。

◆我们要把人的潜能素质唤醒，坚信公正是唯一可行的道路。

◆公正是自由的根基，公正的就必然是自由的。自由若无公正，自由便于人类没有任何意义。

七、同胞兄弟相处基本法

在人类社会早期，兄弟关系基本上是平等的，只是在家庭私有制产生后，需要解决如何从众兄弟中推举一个中心人物来继代父权管理家庭时，中国古人才推出长子制。但是，现代社会既没有区分嫡庶的宗族制，也没有嫡长子继承制，我国现行的婚姻法及相关社会制度规定，父母的婚生子女、非婚生子女、养子女间的权利义务是平等的。

但是，传统道德强调兄弟之间的血肉亲情，在处理兄弟关系时要求把亲情放在第一位，由此滋生出兄弟之间的众多美德与情义。这些美德与情义又由血缘兄弟推衍到社会，希望对“四海之内”所有的人都像对自己的兄弟一样关爱、互助。

对于今天的许多人，他们已完全沉浸于“冰冷的金钱、利欲的海洋”，传统道德所强调的兄弟情义，或许可以唤醒他们那冷酷的心。大体来说，中国传统道德在兄弟关系中所主张的美德有以下四方面内容。这些内容也是同胞兄弟和睦相处的基本法。

（一）兄弟一体

《颜氏家训》云：“兄弟者，分形连气之人也，方其幼也，父母左提右挈，前襟后裾，食则同案，衣则传服，学则连业，游则共方，虽有悖乱之人，不能不相爱也。”就是说，兄弟同母所出，从小就在一起生活学习，即使不肖的人也知道兄弟要互亲互爱，这表达的其实就是兄弟一体的观念。兄弟都是父母所生，为父母所疼爱，因此只有兄弟和睦才符合父母的意愿。

“唯孝者必友，不友于兄弟则灭其亲之心，非孝矣。”依此类推，兄弟间应一视同仁地看待彼此的后代。

“己之子与兄之子所争几何？是同出于父者也，只为兄弟异形，故以兄弟为手足。人多以异形故，亲己之子异于兄弟之子，甚不是也。”也就是说，兄弟虽形体相别，但从同一血统出，因而从根本上说是一体的；他们的子孙其实也是这样，所以不能厚此薄彼，而应同等相视。因此，兄弟间应该相互友爱，把手足情义置于个人利益之上，坚决反对以一己之利破坏兄弟一体的情感，这对维护家庭稳定有着重要的作用。

（二）有难同当

“有难同当”既是兄弟互相爱护在现实生活中的重要体现，也是转移兄弟内部矛盾、加强兄弟团结的重要手段。由于长期共居、又有着诸多的利益冲突，兄弟间发生矛盾几乎是不可避免的事情。

在这样的情况下，需要一方面加强血统意识，利用骨肉之情化解矛盾；另一方面则通过宣扬“齐心协力共同抵御困难”的有难同当之精神，来转移兄弟间的矛盾。

这就是说，兄弟间即使再有矛盾都是彼此最值得信赖的人，因此，遇到困难首先要与兄弟商量，以找到共同抵御的办法；相反，兄弟间不顾外在共有的祸患，一味相互残杀，就是一件极为不明智的事情。

（三）宽和相待

对一般的人来说，宽容代表了一种胸襟和气度，宽容更是两人情感的胶着剂，体现了一种做人的品格和修养。即使是对待我们的对手，我们也要具有这样的胸襟——祝福他们比我们更强大，更有智慧，更有容人的气度！社会只有在这样的良性竞争中才会呈现出和谐的发展局面，更何况是对自己的同胞兄弟呢？

（四）心有对方

做人如同赶路，碰撞了别人，也撞翻了自己。心里装着别人，才会有信任、理解和协作，才会赢得别人的尊重。因此，要想有安定、和谐的兄弟关系，必须时时设身处地为兄弟着想，必须互相信任和相互关心，这样，兄弟间才会和睦相处。这是个很简单的道理。

刘凤鸣谈幸福家庭：

◆兄弟是不可再生“能源”。

◆得民心者得天下，异姓兄弟是一家。

◆人的精神和感情是不能被定价的。

第八章

内睦者家道昌，外睦者人事济

宋·林逋《省心录》:“内睦者家道昌，外睦者人事济。”

一、家庭“内和睦”与“外和睦”

幸福的人生，家庭和睦为其中重要一环。缺少了这一环，无论多成功的人生也算不上是完整的。

在现代以婚姻为基础的家庭中，夫妻关系是核心。在家庭中，夫妻关系如果处理得好，其他矛盾如亲子矛盾、婆媳矛盾等，都容易解决。反之，如果夫妻不和，常常会引起一连串的家庭矛盾。归纳起来，和睦的家庭能使生活幸福美满，给人以信心和力量。

第一，和睦的家庭能给人以归属感。家庭是人类特有的社会组织。它不是“旅馆”，也不是“饭店”，仅仅满足人们生理上的需要。家庭更重要的还是为了满足人们心理上的需要。

心理上的满足是家庭的“内和睦”，没有心理上的满足，家庭的和睦美满只能是缘木求鱼。所谓归属感，就是人们对家庭固有的一种心理要求。一天工作、劳动下来，生理上的疲劳可以通过休息得到解除；精神上、心理上的疲劳可以在家庭中得到缓解。欢乐，有人共享；痛苦，有人分担；胸中的郁闷可以向亲人倾诉；心中的思绪能够对亲人表达。即使到了垂暮之年，也有老伴和子女与自己相依为命，并得到扶助、赡养和慰藉，从而获得生活上的保障和精神上的安宁。这些是和睦美满家庭的特殊功能。

第二，和睦的家庭给人以支持感。家庭生活的美满与否，会影响家庭成员的工作、劳动和学习；同时，工作、劳动和学习中的情绪，也会在家庭生活中得到延伸和反映。和睦的家庭能够给人以勇气和力量，使人奋发向上，勇于去克服工作、劳动和学习中的各种困难。

在现实生活中，由于家庭成员的大力支持和鼓励，从而在事业上取得成就的例子是不鲜见的。这种对工作、劳动和学习、事业的支持感，正是和睦家庭的重要标志之一。

第三，和睦的家庭可以给人以舒畅感。舒畅包括精神、心理、生理等各个方面。精神、心理上的舒畅是建立在归属感和支持感基础上的。和睦美满的家庭是充满平等、真诚气氛的，遇事能够大家互相谅解、互尊互敬；工作生活上的烦恼、困难，可以在家庭生活中得到消除和缓解。否则，讲话有顾虑，办事要看对方的眼色，或者表面上一致，心底里却各有算盘，这样的家庭就很难给人以温暖和支持。

和睦的家庭成员幸福，人人羡慕，不和的家庭对夫妻和孩子来说都是悲剧。但是，很显然，真正的和睦一定先是有着心理的和睦，然后才能支持其他方面包括物质、外界交际的外和睦。

家庭不和睦原因很多，如经济、家务、性生活、业余情趣、孩子等，但主要在于夫妻关系如何。如果夫妻双方能在愿望、态度、情操方面互相调节，以满足双方心理的、生理的、文化和社会的需要，做到以下方面，就能够使家庭和睦幸福。

1. 沟通。双方应经常交流思想及信息，深化感情，杜绝无名怨恨情绪的出现。

2. 容忍。又称“自我克制”。容忍的是彼此之间的差异。夫妻间的兴趣爱好可以不一致，但并不意味一定互相排斥。如果双方互相容忍、互相影响，还会使家庭生活丰富多彩、妙趣横生。

3. 互补。夫妻间一个刚强，那么另一个则要柔弱些；一个马虎，另一个则要细心些。唯有各取所长，协调互适，方能长期和睦相处。

4. 缄默。当夫妻的一方对另一方大动肝火时，申辩理由犹如火上浇油。这时另一方最好保持缄默。如果耐心等待对方冷静下来后再用心平气和的态度去解释或多做自我批评，对于冲突的解决大有好处。

5. 回避。双方互相避让容易引起冲突的事物。

6. 转移。自己主动把消极情绪转移到别的地方，不能冲对方发泄。消除障碍的最好办法就是转移注意力，去看书、去散步、去聊天，等等。

7. 反射。当一方有了过失，另一方立即用自己过去的过失比较，相互抵消。

8. 合理化。当一方犯了过失，另一方不去责备，而是将对方的过错合理化，使原来可以激化的矛盾大化小，小化了。

9. 笑脸常在。和蔼的、善意的表情正是人与人之间互相吸引、产生好感的基础。如果亲人之间一天到晚板着脸，很少说话，如何培养轻松快乐的氛围？在一个沉默寡言、充满压抑、缺少欢乐的家庭里，谈何幸福？因此，最好让自己笑脸常在。

10. 倾听意见。平时注意冷静倾听亲人的诉说，让对方得以宣泄，既可避免误会、争执，又有利于形成家庭民主、信任、和睦的气氛。

11. 多鼓励。任何人都希望得到感情上的支持，在困难时刻更需要从家人那里得到关怀与鼓励。因此，家庭成员要学会互相鼓励，要经常对家人表示爱意与赞赏。

12. 学会忍耐。家庭成员间难免“锅碰锅，勺碰勺”，发生矛盾。但有了矛盾应息事宁人，不宜针锋相对。凡事忍一忍，矛盾冲突也就不易产生，即使产生了，也不会太激烈，以致不可收拾。

良好的家庭整体的内和睦，对家庭成员走入社会，顺利地找到自我价值和与他人友好合作，和谐共处起到很好的示范作用。因此，我们一定要由自己内心中做起，不断地提高自身的修养和能力，和家人形成相互依存和相互帮助的关系，使家庭具有内外皆和睦的力量，具有浓厚的情感氛围。

刘凤鸣谈幸福家庭：

◆家庭是人际和谐的源头。要促进人与人的和谐，就得重视家庭的作用，在家庭和谐的土壤与气候中，培养出一朵朵和谐之花，开遍这蓝色的星球。

◆人际和谐的主体内容就是人际心灵和谐和人际行为和谐。家庭是人的第一所学校，它对人际心理与人际行为有着决定性影响，从而成为人际和谐的源泉。

◆要追求人与人之间的心灵和谐，首先必须营造良好的家庭心理气氛，构建温暖、和睦、友爱的父母关系和父母与子女的关系，重视父母对子女完善健全的个性的培养，为人际和谐奠定积极的心理基础。

二、和睦是寻求让步的结果

生活就像一张网，错综复杂，谁都会有与别人产生误会或摩擦的时候。看淡恩怨，寻求让步，这样，你就会少一分怨恨，多一分快乐，就会赢得他人的信任与尊重，人际感情才能更和睦。

在古希腊，有这样一个关于升为武仙座的大英雄海格力斯的故事：一天，海格力斯走在坎坷不平的山路上，忽然发现脚边有个袋子似的东西很碍脚，他就走过去踩了那东西一脚，谁知那东西不但没被踩破，反而膨胀了起来，加倍地扩大着。海格力斯恼羞成怒，操起一根碗口粗的木棒砸它，那东西竟然膨胀到把路给堵死了。正在这时，山中走出一位圣人，对海格力斯说："朋友，快别动它，忘了它，离开它远去吧！它叫仇恨袋，你不犯它，它便小如当初；你若侵犯于它，它就会膨胀得越来越大，挡住你的去路，并与你敌对到底。"

在生活中，无论是谁都会犯和海格力斯一样的错误，遇到矛盾时，不愿意吃亏，步步紧逼，据理力争，死要面子，认为忍让就是没了面子，会失了尊严，最终只能使得矛盾不断地升级，不断地激化，却不知道退一步海阔天空的道理。忍让并不是不要尊严，而是成熟、冷静、理智、心胸豁达的表现，一时让步可以换来别人的感激和尊重，避免矛盾加深，岂不更好？

让步不是因为害怕，畏首畏尾，更不是对自己的能力失去信心。让步只是暂时妥协，这种妥协是为了更好地进取。与人交往懂得让步，给别人行个方便，或让出一点利益，那么必定会受到别人的尊重，得到别人的好感，为自己以后的发展建立更广阔的空间。

俗话说的"傻人有傻福"就是这个道理。因为那些会吃亏的人总是心地单纯无私，从不计较个人的利益得失，总是任劳任怨，很容易得到大家的认同，取得信任。

让步，并非消极，也不是懦弱，而是有利于问题解决的一种态度。让步，并不是自暴自弃、不求上进，而是深刻地自我反省。让步，不是软弱无能、放弃目标，而是去寻找更坚固的立足点。让步是一种内敛的态度，一种豁达的品性，一种通透的人生观，是一种对人生的大彻大悟，更是智者的风范。

身居低处，自然引川入海；心安高远，方能举重若轻。让步，是对对方利益的尊重，意味着将对方的利益看得和自身利益同样重要。人与人之间的尊重是相互的，只有尊重他人，才能获得他人的尊重。因此，善于妥协让步就会赢得别人更多的尊重，获得众人的好感和认可，成为生活中的智者和强者，让人生之路越走越宽。

每个人在生活中都会遇到各种各样的事情，假如没有好的心态和措施，不懂得宽容和寻求让步，这些困难就会成为过不去的坎、解不开的结，伤了自己，也伤了别人。所以，你一定要学会让步，因为只有让步才能让心胸更加宽广，未来更加美好，也只有让步才能让你更快乐。

刘凤鸣谈幸福家庭：

◆“退一步海阔天空”，生活中不只是要节节进取，步步向前。有时候遇到阻碍，陷入困境，不妨退后一步，走一下迂回路线，反而更容易到达目的地。

◆处世聪明者，他们不会一味地争强好胜，而是在必要的时候，后退一步，避其锋芒。有时候不仅能赢得旁观者的仰慕与尊重，更能赢得对方的尊重，你说，真正的胜利者是谁？

◆那些高瞻远瞩的有识之士，能够看出这退一步对自己的好处，所以会欣然后退，甚至一退再退。要成大事的人，就要有良好的心态，要学会从退一步开始，然后再走向成功。

三、单方让步算不算软弱

单方让步不是软弱，而是一种睿智。能够单方让步的人，做起事来往往能够顺水顺风，生活过得幸福坦然。而从不让步的人，总是在是非纷争中斤斤计较，被利益蒙蔽了双眼，反而会遭受更大的损失。能够单方让步是一种胸怀、一种品质、一种风度，也是一种坦然、一种达观、一种超越。

一个人如果善于单方让步，那么你就可以把一群敌人变成一群朋友。只会以牙还牙的人，则可能把全部的朋友变成了全部的敌人。一个宽容大度的人在自己遇到困难的时候，会得到更多人的真心帮助。

懂得单方让步，才会活得越来越快乐。换一种心态看单方让步，不要把它看成是自己的损失，这样可以使自己的心胸变得更宽阔，面对生活更加乐观积极。

单方让步便是这样一种与人交往中体现出来的智慧，遇到矛盾多忍让三分。遇事不能过于斤斤计较，凡事多让三分，以一个宽容的心态去面对，才能赢得更多成就和幸福的机会。

单方让步，首先包括对自己的宽容。只有对自己宽容的人，才有可能对别人让步。人的烦恼主要来源于自己，即所谓画地为牢、作茧自缚。

人各有所长、各有所短。争强好胜容易失去做人的乐趣。只有承认自己某些方面不行，才能扬长避短，才能不因嫉妒之火吞灭心中的灵光。

宽容地对待自己，就能心平气和地工作、生活。这是一种良好的状态。

充实自己很重要，只有有准备的人，才能在机遇到来之时不留下失之交臂的遗憾。知雄守雌、淡泊人生是耐住寂寞的良方。轰轰烈烈固然是进取的写照，但成大器者，绝非热衷于功名利禄之辈。

如果一语龃龉，便遭打击；一事唐突，便种下祸根；一个坏印象，便一辈子倒霉，这就会被人们称为"母鸡胸怀"。真正的让步，应该是既能容人之短，又能容人之长。

再者，让步的过程也是"互补"的过程。别人有此过失，若能予以正视，并以适当的方法给予批评和帮助，便可避免大错。自己有了过失，亦不必灰心丧气、一蹶不振，同样也应该吸取教训、引以为诫，重新扬起工作和生活的风帆。只要你善于适时让步，就能使自己受益匪浅。

让步还是一种高级的人生艺术，只有懂得生活、热爱生活的人才会让步。不妨去试上一试，尝到了让步的甜头，你自然会时时处处注意让步，把让步作为处理日常生活矛盾的一种手段。这样，争吵时你就能退让几步，个人利益受到损坏时你就不会斤斤计较、分厘必争，被人误解时就不会再怒火万丈了。

让一让、退一退，自己先静了下来，使对方感到你已经在做让步，矛盾就很容易化解，问题也比较好解决了。

懂得让步的人不会事事要求别人按自己的意愿行事，他会适当地忍一忍，适时地让一步。因为他知道，这个世界并非只为自己而存在，每个人都有自己的意志，都有自己的喜好，只有互谅互让，才能共生共存。

对于现代人来说，学会让步是一种进步。"人对了，世界就对了。"当我们在生活中拥有一个正确的态度，摆正了自己的位置时，想不快乐都难。

刘凤鸣谈幸福家庭：

◆学会让步是一种进步。

◆让步是成功的捷径。

◆善于让步是建立良好人际关系的法宝。

四、易于和睦相处的个性特征

在我们的生活当中，有一种无形的力量能时时刻刻吸引着他人，让周围的人有或自然亲切或热情兴奋的鲜明感受。这种力量就是个性的力量，就是每个人内在的特质所散发出来的诱人“香气”。

没有人不想让自己成为一个受欢迎的人，和谐而快乐地生活在人群中、集体里。而与别人保持一种良性的、融洽的亲近关系却不是每个人都能轻易做到的事情。要想和他人易于和睦相处，必须要努力去培养下列这些特质：

第一，诚实开放地面对自己。想要有好的人际关系，第一步就是要以真心待人。我们常说“以心换心”是最基本的原则，想要别人如何待你，你就要先如何待人。工于心计的人，可能一时看起来目的得逞，占了便宜，但最终将失去朋友。只有真诚待人，才能换得别人的真诚相待。

第二，温暖会传递你的正能量。一个亲切、温和、面带微笑的人通常比一个冷淡、漠然、面无表情的人更让人乐于亲近，这就是所谓“温暖”的特质。“温暖”的特质须来自他对周围的人、事、物都抱有正向的看法。如果我们觉得人大部分都是好的，那么与他们交往时，自然就会表现出高度的兴趣，从而传递出温暖的感觉，别人也就会乐于与你为友。相反，如果我们觉得大部分的人都是不好的，那么我们不但不愿意和别人交往，而且即使勉强和人交往，也会表现出没兴趣、不以为然、反对等负向态度，继而传递出冷漠的感觉，别人对你当然也不存好感，而难以为友了。

第三，能力使你吸引力倍增。一个人拥有越多的能力，表示有越多的资本可与人交换，自然也越受到别人的欢迎了。一个人不可能在每一方面的能力都比别人强，但只要在某些方面较有能力就够了。如果每一个人在不同的方面见识深刻，与人交往时，就都有一些可以“贡献”的能力，朋友间取长补短，每个人都有贡献，每个人也都有所学习，人际关系自然就很容易发展了。

第四，无条件的爱。无条件的爱是接纳、尊重、非条件的支持。

其他同义的说法包括：尊重、接纳等，都仅包含我们所想传达的一部分。而这样的爱应该包含三个要件：爱不必然等于喜欢；接纳是爱的重要表现；尊重是爱的核心因素。

第五，积极向上。能够在事情不顺利时仍含着笑的人，比遇到艰难就垂头丧气的人，更具有胜利的条件。我们应学会时时把自己的注意力放在美好的事情上，而不是丑陋的事情上；放在真实的事物上，而不是虚伪的事物上。这样，我们在困境中也能看到生活中的美，我们也就能乐观起来。

第六，平易近人的温和态度。从不抬高自己而贬低别人，不把自己的快乐建立在别人的痛苦之上。这种态度表明了一个人良好的涵养和成熟的内心。这样的人能在任何时候都与他人保持一种友好状态。

第七，从心里感受别人和关怀别人。同情别人的悲伤，懂得换位思考，这将会使你的生活更丰富，和别人的生活建立一种更密切的关系，也会使你更可爱。

第八，超凡的凝聚力。几乎所有的成功者都有一种凝聚众人的超凡能力，这种能力可以把不同背景、不同信仰的一群人纠合在一起，建立共识，统一行动。固然，偶尔也会有个“鬼才”发明出影响世界的东西来，但他若终生只是孤零零地守在实验室里，就算他在某方面成功了，但他失去得更多。那些立大业的人往往都具有能够结合千百万人于一起的能力。不过，最伟大的成功，不是展现在世界的舞台上，而是在你内心深处。我们应该与周围的人和睦相处，突出团队精神，注重协调合作，共同追求美好的未来。否则任何成功、任何卓越，都是虚无的。

刘凤鸣谈幸福家庭：

◆对个人而言，通往满意的人际关系之路，最严重的障碍是无法走出自我，无法察觉自己的行为。因为一个人的个人特质是影响别人是否会喜欢他的重要因素。

◆个性是一种源自真我的吸引，必须努力保留原味才具有最大的价值。从另一个角度看，个性也是一种标志，标志你有足够的合作价值，足够使自己成为一个发展者，一个竞争的主动者。

◆除了温暖、能力与美丽外，人们还喜欢心地善良、做好事的人，人们喜欢会帮助别人、关怀体贴别人的人，不喜欢自私、总是责备别人的人。

五、什么样的人不易相处

成功者必然有他成功的理由。而成功者的成功必然是与他良好的性格分不开的。倘若一个人存在着这样或那样的不良性格，那么，他的人生也必将受到这些不良性格的影响。甚至在关键的时刻，这些不良性格会对人生起决定性的作用，成为我们发展和成功的绊脚石。

正如良好的性格能成为人生走向成功的助推器一样，不良性格也能成为人生走向成功的拦路虎。不良性格的人，不易相处，往往人际失和。现就主要的方面罗列如下，并探讨克服不良性格的方法。

（一）狭隘性格：阻碍身心的发展

心胸狭隘的人的眼中是容不下一粒沙子的，他们总是喜欢斤斤计较自己的得失，总是拿自己与他人比较，一旦发现别人比自己强，他们就受不了，他们就会想方设法让他人败下阵来，因此，一个心胸狭隘之人由于气量狭小，往往在日常的人际交往中极易与人发生矛盾和冲突。

（二）刚愎性格：众叛亲离终败北

具有刚愎性格的人往往把自己看得很重，在他们的视野内，没有可以与自己相提并论的人，他们中的很多人确实有才华、有能力，但他们不求进步，最终导致失败的命运。恃才傲物是他们的显著特征，他们自视甚高，不愿与别人交流，故步自封，最后难免出现悲剧性的结局。

（三）自负性格：膨胀出来的败局

自负的人一般很少关心别人，与他人关系疏远。他们经常从自己的利益出发，不太顾及别人。他们不求于人时，对人缺少热情，似乎人人都应为他服务，结果落得门庭冷落。

（四）多疑性格：聪明反被聪明误

多疑的性格具体表现为过度的神经过敏，凡事总是疑神疑鬼。喜欢猜疑的人特别留心外界对自己的态度，别人脱口而出的一句话他很可能琢磨半天，努力挖掘其中的“潜台词”，这样便不能轻松自然地与人交往，久而久之不仅自己心情不好，也影响到人际关系。

（五）孤僻性格：一把关闭心灵的锈锁

性格孤僻者的主要表现是不愿与人接触，对周围的人常有厌烦、鄙视或戒备的心理。这种人还常常表现出神经质的特点，其特征是做作和神经过敏。其凡事故意漠不关心，做出一副瞧不起人的样子，使自己显得气势凌人。其实他们内心很脆弱，很怕被别人刺伤，于是就把自己禁锢起来不与人交往。一旦别人真的不理他时，他又认为自尊心受了伤害。由于这种人猜疑心极重，办事喜欢独往独来，因而越发与别人格格不入。人际关系不良使其陷入孤独、寂寞、抑郁之中，长此以往，还容易导致种种身心疾病。

（六）贪婪性格：永远填不满的欲望之沟

一个贪婪的人是永远都不会满足的，其欲望就像是一个无底洞一样，无法去填满。这种无休止的索取，结局是不仅得不到期望的，而且连过去得到的都会失去。

（七）自私性格：一己之利终不成大事

自私的人在面对利益时，首先想到的永远都是他们自己，甚至不惜利用一切的手段来夺取他人应得的利益，从而达到他们损人利己的目的。自私的人不懂得付出，他们永远都在算计自己的得失，因此，他们没有朋友，也得不到别人的真心。

一个自私的人，常常会给别人带来伤害，但他们不知道，他们在用自私伤害别人的同时，其实也是在伤害自己。

要改变自己多年生活形成的性格，确实不是一件容易的事，但要提升自我修养，提高自我调节能力，在日常生活中经常进行自我分析，发现自己性格中的弱点，自己给自己规定改进的方向和实现的目标，并严格地监督实行。用决心和毅力坚持下去，人们性格中的弱点是会改变的。

刘凤鸣谈幸福家庭：

◆良好的性格能增强人格的魅力，促进人的全面发展。

◆不良的性格不仅影响为人处世的效果，影响学习、工作、生活的各方面，而且直接影响人的身心健康。

◆良好的性格是成功路上的“导航塔”，是人生的宝藏。

六、“家和万事兴”的道理

“老祖宗留下一句话，家和万事兴、万事兴。妻贤夫兴旺，母慈儿孝敬，众人拾柴火焰高……”这是某年春晚郁钧剑和张也演唱的一首歌曲，这首歌曲的名字就叫《家和万事兴》。

“家和万事兴。”这里的“兴”不仅是我们的工作与事业，还包括我们每天的心境。毕竟，家是一个人待的时间最长的地方，只有保证这里的温馨气氛，我们才能真正地感受到生活的幸福，进而将我们的工作和事业推向成功。

家庭和睦，家庭成员彼此间和谐地相处，会使人变得积极向上，做起事来也会干劲十足。一个相互包容、谅解、充满温馨的和谐家庭，就是一个充满尊重、爱、幸福、责任的社会细胞。生活在这样的家庭里，我们会感觉到无比的幸福快乐，我们会有更多的激情来创造我们幸福快乐的生活。

家庭和睦可以让人没有后顾之忧，安心干事业；家庭和睦可以让夫妻被温暖包围，无悔付出；家庭和睦能让孩子在爱中长大，心智健全，意志性格坚强；家庭和睦能让老人安享晚年，没有愁苦；家庭和睦还会让全家人都底气十足地对外交往。有家的温暖保护，还有什么过不去的坎坷呢？

和睦的家庭需要其中每名成员都能相互包容、彼此理解，这样大家才能和谐地相处。但是，不是所有家庭都是和睦的，也有很多家庭因受到某些事情的影响而产生矛盾，导致家庭的成员不能和谐地相处，甚至会使家庭破裂。这类事情的发生让人感到悲哀，因为那些遭遇家庭破裂的人，即使在某些方面得到了满足，但缺少和睦的家庭，一切似乎都显得并不完美。

没有任何人不喜欢生活在和睦的家庭当中，谁都知道和睦的家庭会给人们带来快乐。一些家庭之所以不能和谐地相处，很大一部分原因是家庭中的成员不能相互包容，总是为一些小事斤斤计较，久而久之，彼此间就会产生隔阂，变得陌生。

所以，我们一定要学会相互理解，懂得包容对方，要知道，亲人是世界上最值得信赖的人，我们没理由相互猜疑，不信任对方。当有些不愉快发生时，要多做沟通，即使对方有错，也要多多原谅。相信在彼此能够谅解的同时，所有矛盾都会被解开，大家一定能和谐地相处，构建一个幸福、美满、和睦的家庭。有人说家是栖身的安乐窝，有人说家是锁身的铁篱笆。有人在成家，有人在拆家。

家是一生读不完的书，只有动了真情才能读懂它。可以肯定的是，有家的人，家庭和睦将是家人最幸福的事，这远比拥有无尽财富、家庭却支离破碎值得骄傲。每个人都是家庭的一员，无论是晚辈，还是长辈，无论是男人还是女人，如果都能保持勤奋进取的精神状态，富有责任感，富有谦让之心，富有关爱的美德，那么，我们的家庭还有不和睦的吗？

我们应该将构建和睦家庭的美好愿望，化为生活中的点点滴滴，用理解融化矛盾，让宽容驱逐争吵。为构建和睦家庭共同努力吧，幸福美好的生活也会如约而至。

刘凤鸣谈幸福家庭：

◆家和的幸福是一种愉悦、温暖的感觉，能使人心旷神怡、精力充沛。

◆如果每个人都带着快乐和欢笑回家，那么家里自然充满笑声；相对的，如果每个人都带着烦恼与不快回家，家也必然变得愁云惨雾。

◆家，是爱的温床，是舒服与安全的港湾，是幸福与快乐的家园。但是，这种境界绝不可能凭空就有，而是需要家里每个成员一起努力，共同经营才会形成。

七、“家丑不可外扬”的道理

“家丑不可外扬”是中国人一个传统的生活准则，是说家庭内部不光彩的事情，不要随便向外人宣扬。家丑是家里的丑事，因为它不体面、不光彩，所以人们一般是不会愿意将家丑告诉他人或对外曝光的。时至今日，很多人仍然信奉“家丑不可外扬”，常说“脏衣家中洗，家丑勿外扬”，也有人称之为“胳膊折了往袖里藏”。

人们为什么要强调“家丑不可外扬”呢？

首先，中国人历来看重家庭亲情和家庭伦理。对中国人来说，家人就是亲人，亲人就是家人，父子骨肉连心，兄弟手足情深，夫妻亲如一体。家庭是社会的基本细胞，是人们安身立命的基础，也是一个荣誉和利益的共同体。若家庭普遍不和，则社会就会不稳，发展就无从谈起，所以人们常说“家和万事兴”。

但家有时也不是一个平静的港湾，也会发生矛盾。对于小矛盾，家人一般会忍让、宽恕。如果矛盾进一步激化，也就是出了家丑，不论是否涉及自己，每一位家庭成员多会将家丑看成自己的丑事，家人一般会一起来消解，不愿外扬，以免节外生枝，或者对自己的人际交往产生不利影响。

要防止“家丑”外扬，关键在于要有一颗爱心，有了爱心，就会自觉维护家庭大局，就会产生强烈的责任感，对“家丑”采取正确的态度和处理方式。事实上，真正有意把“家丑”捅出去的并不多见，大多数是无意之间把“家丑”张扬出去造成不良后果的。因此，警惕和防止无意中使“家丑”外扬显得格外重要。

（一）不赌气发泄而“外扬”

家中发生一点矛盾，不要轻易赌气到外面搬救兵、找后盾。这样做也许能得到外人的同情、支持，但同时，也就把问题暴露出去，使家庭其他成员感到丢面子，致使矛盾激化。

（二）不信口开河而“外扬”

有的人说话欠考虑，嘴上缺个把门儿的，碰上对脾气的，他们什么话都往外倒，有时把家庭“秘密”也顺口泄露出来，结果造成难以挽回的后果。

对于家庭问题，不应信口开河到处乱说，特别是在自己头脑发热、冲动时，更要理智地控制自己，避免把事情捅出去。

（三）不大吵大闹而“外扬”

有时家庭出现矛盾，大家不是心平气和地协商说服，而是大动肝火，吵闹吼叫，闹得四邻皆知。若邻人再传播一番，便会搞得满城风雨。

综上所述，不管哪种形式的“外扬”，都不会对家庭问题的解决有所裨益，还是坚持“家里事，家里了”的原则为好。

当然，“家丑不可外扬”虽然在一定程度上保证了家庭的和谐，维护了家庭的荣誉，但是，有些情况也要区别对待。

每个家庭成员在家中的地位是不同的，存在强者与弱者的差异，家并不能公平合理地保障每一个家庭成员的权益，虐待老人、妇女、儿童，家庭暴力，第三者插足等不时地见诸报端。家丑的发生意味着某些家庭成员的个人权益受到侵犯，而“家丑不可外扬”则极易助长那些在家庭中处于强势地位而又侵犯其他家庭成员权益的私欲和不轨行为，使其他家庭成员的合法权益得不到保护。长期下去，权益受到侵害的家庭成员心中的怨气就有可能越积越深，以致发生更大的问题，出现家破人亡的惨剧。

因此，有时候一些“家丑”外扬也是必要的。一方面可以借助家庭的外部力量来解决因家丑所产生的矛盾、冲突；另一方面可以使家丑中的受害人通过向他人倾诉以宣泄内心的怒火和释放被压抑的情绪，寻求心理上的安慰或精神上的支持，从而缓解家庭矛盾，以避免更大问题的发生。

随着中国社会的发展，自由、平等的观念逐渐深入人心，每个人无论在家庭中还是社会上，都享有平等的权利和地位。家丑外扬不外扬属于个人的权利，但它要受到法律的约束和保障。如果“家丑”只与自身相关，并不涉及他人利益，出于保护隐私的需要，家庭或组织有权利“不外扬”。然而，当“家丑”已触犯法律，或者已侵害公共利益，此时的“家丑”便不再是单纯意义上的“家丑”，就须公开，相关部门就须介入。因此，当今时代，“家丑不可外扬”的观念需要我们重新认识和定位。

刘凤鸣谈幸福家庭：

◆每一个家庭，都会遇到大大小小的摩擦，这时候，身处矛盾中的双方都想找个倾诉的人倒倒肚子里的苦水。将这些情绪发泄出去也好，以免留在心中造成内伤，但是发泄对象最好只限于闹别扭的两个人之间。

◆家庭是一个特殊社会单位。一家人朝夕相处，彼此利益息息相关。每个成员都应对家人负责，不论好事坏事，理应分享分担。

◆一般情况下，只要不是原则法律问题，假如有谁把“家丑”捅了出去，不但有损于当事人的形象和尊严，而且还会制造家庭矛盾，使自己失去家人对你的信任，遭到谴责。

第九章

父母唯其疾之忧

《论语·为政》：孟武伯问孝，子曰："父母唯其疾之忧。"孟懿子问孝，子曰："无违。"子夏问孝，子曰："色难。"子游问孝，子曰："今之孝者，是谓能养。至于犬马，皆能有养；不敬，何以别乎？"

一、农耕时代与信息时代的孝道

传统中国文化在某种意义上可称为孝的文化。中国孝文化源远流长，历史悠久，虽历经波折，但仍放射出耀眼的人性的光芒，并以其丰富的内涵和无比的感染力，对现代社会的生活产生着积极的影响，特别是对人情日趋淡漠的现代家庭道德建设更有着无比的亲和力和凝聚力。

早在农耕时代，华夏人民就有“孝”的观念，在甲骨文中就有“孝”这个文字。据可靠资料证明，孝产生于周代，其初始意指尊祖敬宗、报本返初和生儿育女、延续生命，属于宗教意义的孝。

在西周，统治者就很重视对尊老敬贤的教化，要求臣民：在家孝顺父母，至诚至爱；在社会上尊老敬老，选贤举能。国家还制定政策，使告老还乡的官员能安享晚年。

至春秋战国时期，孝从宗教意义转化为“善事父母”的家庭道德的伦理意义，被作为基本的伦理道德观念和规范，并已经形成完整的思想体系。孔子非常看重和推崇孝，他也因此被后来的统治者尊称为“大成至圣文宣先师”。

到了汉代，在董仲舒提出“罢黜百家，独尊儒术”以前，就出现了“汉以孝治天下”的情形，朝廷把孝作为选拔官吏的一个标准，并且从西汉开始，历代君王都在学校里设置“孝经”课。

魏晋时期，魏晋仍“以孝治天下”。唐朝统治者把《孝经》作为学校的基本科目，唐玄宗李隆基为《孝经》作注，并下诏要“天下家藏《孝经》，精勤教习，学中，倍加传授”。另外，这一时期从《晋书》开始，正史中就有记载“孝子”的体裁和章节。宋、明、清时期，孝道演变到了登峰造极的状态，除元朝由于是少数民族入主内地故不甚重视孝道外，宋、明、清统治者都非常重视孝道，极力倡导孝道，教化也趋向通俗化。

不可否认，孝道是中华民族文化的精华，其养老敬老的孝道传统，对提高人们基本社会道德水平有重要作用，是中华民族珍贵的文化遗产。当代中国人依然沿袭着孝的传统，虽然孝在信息时代，不再具有泛孝主义的地位，但其作为家庭伦理道德的地位还不能削弱。再怎么说，现代的家庭也仍然认为孝是道德的，不孝是不道德的。因为这是起码的家庭伦理道德的要求。

所以，“孝”在现代家庭乃至社会仍然有其存在的环境和实现的条件。

第一，孝是处理现代家庭亲子关系的黏合剂。处理家庭亲子关系的原则应当是：为人父母有责任养育、教育子女，而子女长大有义务赡养父母，这样就能保证子女在父母的关爱下健康成长，父母在子女的赡养下安度晚年，维持着良好的家庭亲子关系。现在我们应顺应时代，创造具有人格平等性、义务并行互益性、注重感情性、强调自律性等特点的新孝道，贯穿互惠互爱的原则，用其处理家庭关系，建立良好和谐的代际关系。

第二，“孝”是维护现代家庭稳定的良方。人们需要家庭和睦、稳定，《家和万事兴》这首歌唱到了人民群众的心坎上，唱出了市场经济大潮中家庭美德建设的重要性。而这种孝亲之情恰能促进社会风气的好转，抵制了不良婚变、遗弃等现象，从而维持了家庭的稳定。

第三，提倡孝道是家庭、社会解决养老问题的重要切入点。老年人是弱势群体，在身体、经济、心理上都非常脆弱，他们更需要社会特别是家庭的关心和照顾，不仅需要物质上的帮助、生活上的照料，更需要精神上的慰藉，更加重要的是想在子女的照顾下安度晚年。宣扬传统的孝道文化，积极倡导尊老、敬老、助老的传统美德，对于进入老龄化的当代社会，具有非常重要的现实意义。

第四，弘扬孝道是提高现代人基本道德素质的良策。孝是修养人格的切实基础。孝的培养和实践是我们一切道德形成的起点。传统孝道的内容是事亲行孝，要求人们孝敬父母，爱护子女。但是，传统孝道的价值并不只在于事亲爱亲，孝亲是低层次的表现，至高的境界是从爱亲开始转而再去爱其他人，就是把孝敬父母、爱护子女的道德情操推而广之去爱社会、爱天下、爱世界万物，以推动家庭和谐与社会进步，即“老吾老以及人之老，幼吾幼以及人之幼”。所以，可以想象一个连自己的父母都不善待的人，其人格修养和道德品质是不会高的。因此，历史上将孝作为衡量道德品质高低的一个标准，也是国家选贤任能的一个重要标准，这是有一定的道理的。而这对于今天我们提高现代人基本道德素质仍具有非常积极的意义。

刘凤鸣谈幸福家庭：

◆孝作为华夏民族固有的道德观念和传统美德，是几千年来伦理道德的精华。

◆传统孝道的价值并不只在于事亲爱亲，孝亲是低层次的表现，至高的境界是从爱亲开始转而再去爱人，就是把孝敬父母、爱护子女的道德情操推而广之去爱社会、爱天下、爱世界万物，以推动家庭和谐与社会进步。

◆我们现在对待孝道的态度应该用历史唯物主义观点，赋予孝文化以时代新意，充实新的内容，让其更适于现代家庭道德建设，进一步弘扬中华民族尊老、养老、爱老、助老的传统家庭美德。

二、当今时代，尽孝的特点及核心

孝应该是我们发自内心的一种情感，我们一直强调孝敬父母不是简单地用物质去衡量的，重要的是要看子女对父母是不是发自内心的诚敬。

《孝经》中讲“养则致其乐”，赡养父母一定要让父母开心欢乐，那么这个“养”，意思很深，有三个层次的意思，养父母之身，养父母之心，养父母之志，逐层提升。养父母之身，这是最基础的，就是要在物质生活上让父母得以保障。但这还远远不够，还要养心、养志。

在物质上给父母以保障，是尽孝最基本的层次。乌鸦都懂得反哺，所以养父母之身，动物都能做到，如果人做不到，那就说句不客气的话，连畜生都不如。可是养父母之身本身不能算是尽孝，还要养心，让父母欢喜。因为，父母除了物质上的需求之外，更需要精神上的慰藉。

在孔子的弟子当中，曾子以孝闻名。曾子对于孝的体会和认识，应该是十分深刻而中肯的。他认为孝有三等：大孝尊亲，其次弗辱，其下能养。由于环境快速变迁，现代子女不可能回到从前，但是孝道的要求，也不应该由于今非昔比，就全盘加以否定。只可惜多数人不能明白当今时代尽孝的特点及核心，因此不能表现出现代化的孝道。

第一，心怀恭敬地服劳奉养父母。子女到了能够自己谋生的年龄阶段，首先要自食其力以不累及父母。有了自食其力的基础，便应该进一步代替父母劳作，为父母分忧分劳；供给父母衣食，使父母不必为生活而忧虑，得以安享余年。

这两种行为，只是对父母最低限度的报答，子女应该尽力去做，不能有丝毫应付的念头。精神上的孝敬，才是人和动物的差异。孝是做人的根本，不孝的人，基本上没有什么地方可期待的。

子女对于父母的年龄，应该时刻放在心上。随着父母年龄的增加，要加倍关注父母的健康。一方面多多了解老年人的保健知识，从旁调节父母的饮食和劳逸，或者适时对父母提出劝告，使父母保持健康的身体。同时父母生病时，子女应该用心照顾，尽量使父母宽心，以期早日康复。千万记住，无论奉养、代替父母劳作还是照顾父母的健康，务必做到恭敬而有诚意，毫无怨言才对。

第二，让父母不因子女而蒙羞。孝的第二个层次是“弗辱”，便是说子女要好好做人做事，不使父母或自身受到羞辱。

子女如果品行不端，时时令父母放心不下，处处让父母为之担忧，这便是不孝。若是言行端正，只是偶尔生病时，才使父母担忧，实在已经是孝子了。当然，子女对自己的健康也应该注重，因为父母最关心的就是子女的健康。子女有了疾病或者受到伤害，父母比子女还要紧张，还要忧伤难过。

中国人最看不起的，就是一个人心中没有父母。子女读书好不好，成就大不大，赚钱多不多，其实都无所谓。但是心目当中有父母，是对一个中国人最基本的要求。不让父母丢脸，是最为根本的孝道。心目中有父母，处处想到父母的立场，是孝的起点。

第三，子女要集义行善，为父母增光。曾子认为的大孝是“尊亲”，子女力求发愤图强，使父母享有美名，才算是大孝。我们常说光宗耀祖、扬名显亲，完成父母未完成的事业，实际上都是对父母的大孝。小孝用体力，中孝兼用心智，大孝则永久维持孝心，也就是不论父母在世与否，都能够心中有父母，终生不敢使父母蒙上耻辱。

《论语》中记载向孔子问孝的，还有孟懿子一篇。孔子的答案只是“无违”。无违的意思，是不要违反父母和子女相处的道理，并不是一定要顺从父母的命令，听从父母的话一切以合理为度。孝一旦失去弹性，也很难应变，不合乎因时制宜的要求。存心不顺，显然是不孝；不合理的顺，同样是不孝。若是父母让子女做不正当的，甚至是违法的事情，子女也顺从，那就是害父母于不义。

真正的道，必须掌握合理的“度”，孝到合理的程度，敬到合理的地步。过与不及，都属于偏道。

刘凤鸣谈幸福家庭：

◆孝养父母不仅仅是要给予父母财物，还要让父母从心里感到快乐，养成一颗对父母的诚敬之心。

◆孝道是人类的瑰宝。

◆ 孝道是一切仁爱的根源。

三、把自己的日子过好也是孝

人生在世，别人可以对不起你，但你不可以对不起自己和父母。对自己和父母负责，就要懂得把自己的日子过好，珍惜自己，爱护自己。

把自己的日子过好，是一种光荣。这并非是夜郎自大、无知和狭隘，而是源于对生命本身的珍重。对于每一个有孝心的人来说，把自己的日子过好也是孝。

把自己的日子过好，并不是让我们姑息和放纵自己，而是要求我们勤于律己和矫正自己。我们拥有的关怀和爱随时都有失去的可能，这时候，我们必须要学会为自己修枝、浇水、施肥，使自己不会沉沦为一棵随风的枯草，而成为一株笔直葱茏的树。

把自己的日子过好，是让我们在最痛楚最孤立无援的时候，在必须独自前行的漆黑雨夜，在没有星光也没有月光的时候，在我们独立支撑着人生的苦难，没有一个人能为我们分担的时候——我们要学会自己送自己一束鲜花，自己给自己画一道海岸线，自己给自己一个明媚的笑容，然后怀着美好的情感和愿望活下去，坚定地走过一个又一个鸟声如洗的清晨。

要把自己的日子过好，首先就要认清自己。

无知，会痛苦地走一辈子冤枉路；自知，是人生的第一步。人生的目的就是尽情地做自己。正如空中的星星，对于尘埃来说它大如宇宙，但对于宇宙来说它小如芥豆。因此，认清自己很重要。

生命像一个沙漏，随着时间的推移，沙漏中的细沙越流越少，直至荡然无存。不必羡慕集万般宠爱于一身的明星，不必哀叹自己平凡无为，能好好活着就有希望。如果能有岳飞精忠报国的坚毅，鲁迅先生弃医从文的决心，时传祥默默无闻奉献自己的热情……那么你将永远活在别人心里。

如果你不能成为山顶上的青松，那就当一棵山谷里的小树吧——但要当一棵山谷里最好的小树。

如果你不能是一棵香樟树，那就当一尾小鲈鱼吧——但要当湖里最活跃的小鲈鱼。

如果你不能成为一棵大树，那就当一丛小灌木；如果你不能成为一丛小灌木，那就当一片小草地；如果你不能成为大道，那就做一条小路；如果你不能成为太阳，那就当一颗星星。

要把自己的日子过好，就要善待自己的身心。

要通过不断地锻炼身体和培养积极向上的精神风貌，树立奋发有为和知足常乐的健康心态，对自然界永远保持一种良好和谐的互动关系，使得我们的身心得到不断的充实和快慰。这种身心正是我们不断地从善待他人的过程中得到的最大的回报。

要把自己的日子过好，还应学会控制自己。

控制自己就是由自己支配自己的情绪，不要因为有点压力就心浮气躁，遇到一点不称心的事就大发脾气。自制力包括两方面：自我激励，以提高活动效率；战胜弱点和消极情绪，实现活动的目的。

一个把自己的日子过好的人，其自制力表现在：大家都做的情理上不能做的事，他能克制而不去做；大家都不做的在情理上应该做的事，他强制自己去做。做与不做，克制与强制，超乎常人性情之外，就是把自己的日子过好的要素。

要把自己的日子过好，更应该拥有良好的生活态度。

生活态度指的是你对生活的应对方式。良好的生活态度，可以令人身心愉快，左右逢源；相反，如果生活态度恶劣，想拥有愉快的人生是较难的。

学会把自己的日子过好，平淡地看待虚浮的名利，理智地去掉莫名的烦恼，巧妙地解除心灵的羁绊；学会把自己的日子过好，换一种轻松的活法，获得一身爽适的健康；多倾听生命的声音，多采撷人性的光辉，就能多感悟人生的真谛；开启智慧的心灵，我们就能把握美好的生活，更好地尽好孝道，时时在高质量的爱的海洋里畅游。

刘凤鸣谈幸福家庭：

◆我们要学会爱自己，因为不爱自己的人，又怎么会真正地爱别人呢？反之，不爱别人的人，又怎能期待别人爱自己呢？

◆把日子过好并不等同于自私。自私是公开排斥对他人的真诚关切，自私者只对自己感兴趣，他替自己攫取一切，“给予”令他痛苦，而“掠夺”使他快乐。他评判每一个人和每一事物的唯一标准是看其是否于己有利，而根本不是是否对自己有爱。

◆不要对自己不满意，更不要虐待自己，这是一种很不明智的做法。我们要学会善待自己，这样才能对得起自己。

四、当父母的无私遇到子女的算计

父母的爱是天地间最伟大的爱，自从我们呱呱落地，来到这个世界，父母就开始爱着我们，直到永远。父母的爱，是一种对儿女天生的爱，自然的爱，犹如天降甘霖，沛然而莫之能御。能够维护生命之最伟大、最古老、最原始、最美妙的力量莫过于父母对我们的爱。

现在的独生子女有一个通病：事事以自我为中心，只顾自己，不顾他人，心中只有一个“我”字，具有强烈的占有欲，一碰到心仪的东西，就想尽办法据为己有，满足自己的需要。这是典型的自私行为。他们不仅对别人自私算计，对自己的父母也自私算计，常常让自己的父母倍感委屈伤心。

客观地说，自私算计并不是什么洪水猛兽。小孩子由于思维能力所限，难以理解事物之间的相互关系，往往以自我为中心去认识事物，继而变得自私算计。从这个角度看，孩子自私算计很好理解。但是，如果任其自私算计的行为发展下去，对其身心健康的发展是非常不利的。因为孩子过分自私算计，遇事以自我为中心，不考虑他人的感受，会导致自己的人际关系恶化，在集体中被孤立。这种孩子即使智商再高、能力再强，也很难被认可。

因此，当父母发现自己的孩子自私算计时，不必伤感委屈，应采取措施，帮助孩子纠正自私算计的行为，学会与人分享。要实现这一目的，可以从以下几方面着手：

（一）创造分享的家庭气氛

孩子具有很强的可塑性，如果从小就向他们灌输“人不为己，天诛地灭”的观念，那孩子长大以后肯定会变得自私算计，心里不会装着别人，只会想到自己，见利妄为，极端利己。反之，如果从小教导孩子遇事要多想想别人、多给别人提供方便、多关心他人，孩子慢慢就会养成一种利他行为，遇事能替别人着想，这样他就不会那么自私算计。在日常生活中，父母有好东西千万不能让孩子独享，要创造一种全家人分享的氛围。

（二）让孩子深刻认识自私算计的危害

孩子年纪小，认识问题肤浅，仅仅从直感判断正误不足为怪，家长要引导孩子从深处认识问题。可以举出一些因私欲膨胀而走上犯罪道路的人的典型事件，引导孩子认识自私算计发展下去是非常危险的，及早向孩子敲响警钟，使孩子在认识上和情感上同自私算计告别。

（三）不要一味迁就孩子

孩子的自私算计不是天生带来的，而是后天形成的。孩子自私算计的根源是家人的娇惯和溺爱，是家人对孩子的要求百依百顺。克服孩子的自私算计心理，关键还要父母消除对孩子的过分支持、过分保护和对孩子唯命是从。父母不妨心狠点，对孩子的不合理要求要狠心拒绝。

（四）创造孩子与他人合作的机会

孩子自私算计往往是因为缺少与他人合作的机会，不能从他人的角度看问题。因此父母要给孩子创造一些和他人合作完成某件事的机会，比如让孩子在学校里多参加一些课外活动，多与其他孩子一起讨论问题等，从而使孩子在集体的氛围中受到启迪，改掉缺点。

（五）教孩子懂得体谅他人

父母可以有意地给孩子制造一些挫折，让孩子碰碰钉子，并适时地给予孩子一定的帮助，让孩子明白在困境中被帮助的快乐。对孩子进行教育引导，帮助孩子认识到自私是不受人欢迎的行为，只有友善和互助才能赢得大家的喜欢。同时，当孩子有好的表现时，要适当地给予表扬。比如他在吃东西的时候，有意识地让长辈先吃，最后再留给自己，这时候你就要给予他一定的鼓励和表扬，让他感受到帮助别人、体谅别人的乐趣。

（六）以身作则

一些父母本身就有自私算计心理，这样如果他们要求孩子无私，恐怕有点困难。因为在不知不觉中，父母的行为和生活模式已经传给了孩子，这是非常危险的。在培养孩子时，父母应率先垂范，严格要求自己，不要在生活中表现得太自私算计。

刘凤鸣谈幸福家庭：

◆改变孩子的不良行为，家长就要让孩子分担合适的家务劳动，就要让孩子感到家庭每个成员都是相互依存的，应当互相关心、互相爱护，好东西大家都有一份，不允许一个人独占。

◆家长在平时与孩子一起交谈和娱乐之外，要有意识地鼓励和指导孩子与同学、邻里发展友谊。在这个过程中，孩子就会体验到人与人之间的温情，逐渐学会关心他人。

◆家长应当和学校老师保持经常联系，了解孩子在集体中的表现，支持孩子为集体做好事，倾听孩子参加集体活动后的感受，教育孩子在集体活动中团结友爱、勇挑重担、遵守纪律，并帮助孩子克服狭隘自私、重名重利、害怕吃亏等错误思想。

五、有了子女，才知父母心

曾经有一首歌叫作《养儿方知父母恩》，有几句歌词是这样写的：过去我是孩子／如今我是父亲／眼望着孩子我流出眼泪想起了当年我的父母双亲／啊，粗粗糙糙，那是父亲抱我的手／弯弯曲曲，那是母亲背我的身／殷殷切切，那是父亲盼我的眼／唠唠叨叨，那是母亲念我的心／啊，生儿方知父母爱／养儿方知父母恩／当初的父母就是今天的我／我要做感恩报恩的人……相信听了这首歌的人都会想起自己的父母，想起父母对自己的恩情。人往往就是这样，失去后才会懂得珍惜，也只有等自己为人父为人母，才会理解父母对自己的爱。

小时候，我们年少无知，看待问题总是停留在表面，甚至会觉得父母不爱我们。在我们尚未结婚生子的时候，我们的父母为了能够给我们最好的东西，不管我们喜不喜欢、想不想要，都会一股脑地塞给我们。那个时候，我们一定都会觉得父母啰唆、唠叨、品位不高、与自己有代沟等。然而，总有一天我们却又以同样的方式对待我们自己的孩子。直到这时，我们才会发现，原来在我们心中父母曾经的不完美是多么的弥足珍贵。虽然父母的关爱方式不是那么的无缺无憾，但却是我们耗费一生也无法报答得了的。

父母恩如山之高，如水之长。只是，一旦我们身在父母的位置上，我们就会体会到父母的艰辛。

孟郊曾有诗云："谁言寸草心，报得三春晖。"儿女到为人父母时才懂得自己父母的辛劳，只是如小草般柔弱的心又如何报答得了父母如阳光般伟大的爱呢？

老人在世，能够让我们尽孝，就是幸福。相对于“子欲养而亲不待”，如果我们现在家中还有老人，就十分值得珍惜了。否则，一旦到了“亲不待”，就变成了无法弥补的遗憾。“不养儿不知父母恩”意味着心理学中的换位思考。未做父母之前，我们不知道父母养育自己花了多少心力，所以自己当时非但不懂得感激，还会经常看家长不顺眼。等轮到我们养了孩子，才品味出了这份不易，深切理解了父母对自己的爱与好。

爱在父母子女之间代代相承。它的一个重要特点就是，我们所给予的爱对下一代总会超过对上一代。我们再如何尽孝，也比不上老人对我们的好，反之，我们有了儿女，对儿女的爱总是超过对父母的爱。所以从这个意义上讲，对父母尽孝尽到什么程度，也不会“过度”“溺爱”。因为父母对我们的一往情深，那才真是情深似海。

传统文化中，孝道是要由子女来履行的。但是，父母与子女间也存在一道坎，就像成年人和青春期的代沟一样，老年人和成年人之间也有很深的代沟。老年人坚持的，不一定是正确的，因为有保守、僵化的一面。但是他就要坚持自己认为正确的东西。他坚持有没有错呢？没有错，因为在他的时代，这就是真理。可是，现在的时代已经发生了巨大的变化，他还坚持老一套的做法，就让中年人觉得老年人不肯接受新事物，而且坚持的内容很落后很古板。这就容易产生认识上的不一致，进而产生两代人之间的冲突。

所以，老人最好多和同代的老年人在一起沟通交流。

总之，孝既是一种文化要求，也是一种社会要求。在心理上，孝顺父母对自己的心理平衡、身心健康很有好处。形式上，中年人是老一辈的孩子；内心里，中年人实际承担起的是家长的责任。老年人具有老小孩的心态，中年人要拿出家长的心态，这样就不容易起冲突，家庭生活就顺畅美满了。

家有老人让自己身心更健康。中年人扮演的是主导者和家长的角色，应该在精神力量上超越父母。

有了子女，才知父母心。家有老人要珍惜，友好地处理长幼关系，才能获得并实现自己完整的生命感受和人生价值。

刘凤鸣谈幸福家庭：

◆为人父母者，总是全面地、不求回报地付出。

◆孝道是对父母养育之恩的真诚回报。

◆孝道是家庭幸福、社会安定、世界和谐的基础。

六、父母明显有错子女怎么办

自古以来，父母与子女之间就有或多或少的代沟，这个代沟往往是由于父母的成长环境造成的。因为接受的思想不同，所以父母和我们的人生观、价值观会不同，在做决定的时候就会与我们大相径庭。随之而来的是误解和矛盾。其实每个人都是时代的产物，我们要把父母当成普通人一样看待，站在他们的角度上看问题，互相谅解，以一种正确的方式来解决问题。

国学大师钱穆先生说，家人相处时，应当兼顾情义，尤其是作为子女的，应该以不伤害父母为前提。如果对父母无情，则必陷于大不义的境地。懂得了这些，在面对父母的过错时也就没有什么怨言了。

人们常常会说：天下无不是之父母。其实这话是不对的，圣贤都会犯错，何况身为普通人的父母呢？

孔子曾经讲过为人子女者如何对待父母的缺点的问题。首先是委婉地劝说，发现父母的缺点不劝说是不对的，但应注意劝说的态度要温和。如果发现父母的缺点错误不进行规劝，则不能称为孝子。

但是，当子女规劝父母时，父母不听怎么办？孔子接下来说，在这种情况下，仍要对父母表示恭顺，虽然父母不能改正错误和缺点而让子女内心担忧，但不能心怀怨恨。即使是说服不了，那么也要对他们恭敬行孝，任劳任怨。因为他们毕竟是自己的父母，绝不能因为他们有过失就不孝顺。自己连孝都做不到，又怎么去要求父母行义和道呢？也许在自己的孝心感召和耐心劝说下，父母会真正认识到自己的错误而加以改进的。

想想我们小的时候，父母是怎样对待孩子的过错、过失的？父母不仅一次次地原谅孩子，一次次地为孩子惹下的祸去赔礼道歉，甚至赔偿损失，收拾烂摊子，使我们在父母的原谅中感受到温暖。父母虽然身为长辈，由于经历不同，难免会发生差错，面对犯错而深深自责的父母，儿女的眼睛大都放射出锐利而难以通融的目光，在询问、在责怪、在抱怨……因此，我们给父母衣食住行、尽赡养义务是孝顺，对父母宽慰也是孝顺；对父母和颜悦色是孝顺，当遇到父母犯有过错、有过失的时候，能原谅更是孝顺。

人无完人，父母不可能永远没有错误，他们也有不良的习惯和不好的品质，但是作为子女，我们不应直接与父母顶撞。原谅父母，重归于好，这是做子女的应该做的事。是父母把我们带到这个世界上来的，是他们给了自己存活的希望与机会，当我们与父母之间有矛盾的时候，不要一味地抱怨、闹脾气，而要积极想办法解决矛盾。

刘凤鸣谈幸福家庭：

◆原谅父母就是善待自己。

◆原谅曾经暴打过你的父母，因为他们的手也痛、心也痛。

◆原谅父母，因为这是唯一可以让我们自己的心获得自由的方式。

七、父母与子女相处的规则和戒律

家庭成员礼仪是家庭成员在家庭生活中处理相互关系的行为规范与准则。父母善待子女，晚辈孝敬长辈，父慈子孝，才能使家庭关系更加亲密。父母子女能够和睦相处，的确是全家的福气。要想长久保持这样的幸福，父母与子女相处时应该遵守下列的规则和戒律。

（一）言传身教

“近朱者赤，近墨者黑。”父母的言行举止，往往对子女起着潜移默化的作用。父母在孩子面前以身作则，为孩子树立一个可以信赖、可以效仿、可以直接感受到的好榜样，这一点非常重要。父母作为孩子的第一位老师，不仅要有做好父母的愿望，而且还应深入了解子女，尊重子女的独立人格、志向、兴趣和合理的选择。

平时在家中要用正确的语言教育子女，以模范的行动影响子女。例如，不说违背社会生活准则和社会公德的话，不做违背社会准则和社会公德的事。

在日常生活中，父母说话要算数，任何时候都不要对孩子撒谎。许诺孩子的事，要尽量兑现。

（二）一视同仁

父母与子女之间应保持一种亲密无间的关系，俗话说：“手心手背都是肉。”父母对子女应一视同仁，“一碗水端平”，对每个孩子都给予同样的爱。不要亲一个，疏一个，厚此薄彼，使孩子的心灵受到创伤。

（三）教育有方

创造良好的家庭环境，需要家长根据不同情况对子女进行热情的鼓励和及时的批评教育。批评要讲究方式、方法，要循循善诱，启发引导，少训斥和唠叨，尽量不要当着外人的面批评孩子，否则会使孩子容易产生没脸见人、破罐子破摔的想法。

父母平时应注意观察和表扬子女的优点，多鼓励孩子。对孩子提出的问题，父母要尽量给予答复，让他们从小就树立自尊心和自信心。教育子女要善于抓住分寸，采取正确有效的方法。

细心的家长不仅要关心子女的衣食住行，而且还要格外重视他们的成长和进步。一般说来，朝气蓬勃的孩子更喜欢自由、宽松的生活和学习环境。因此，作风民主、开明的父母要多理解子女，在家庭生活中尽量给孩子创造较宽松的氛围，当子女在生活、学习、工作中遇到困难时，父母可提供些参考意见，少一点命令，多一些沟通。

（四）不要把不良情绪带进家门

有的父母工作不顺心，回家后没好气，迁怒于孩子，使孩子不知所措，见了父母就害怕，使孩子缺少知心人，得不到应有的爱抚和安慰，孩子也无可亲近的人。如果父母在工作上不顺心，回家后可先不接触孩子，不妨花几分钟放松一下自己，待情绪稳定后，再与孩子和睦相处。

（五）切莫外出太频繁

父母是否经常同孩子一起吃饭，一起度过愉快的夜晚？是否经常抽出时间检查孩子的作业？如果父母经常外出或晚间出去应酬，家中只剩孩子一人，孩子不免会感到生活寂寞、孤独和茫然。而且他们会自己管不住自己，放任自流，甚至堕落。

（六）建立家庭安全感

有时孩子一个人在家里感到害怕，父母应该使孩子确信，家里是安全的；并教给孩子一些应付各种情况的办法。比如有陌生人叫门怎么办？钥匙丢了怎么办？在父母离开家时，还可以开着收音机，放着音乐和广播，孩子对大人的走不会太注意，假如家中有电话，父母还可以在适当时候给孩子打电话，让孩子听到父母熟悉的声音，从而充满信心，获得安全感。

（七）切莫说话生硬，要注意方式方法

父母说话要讲究艺术，态度切莫生硬。态度生硬容易挫伤孩子的自尊心，从而使孩子不愿讲自己的真心话。那样就无从了解孩子，不能做到有针对性地教育孩子。

刘凤鸣谈幸福家庭：

◆不要一味地给孩子施加压力，更不要拿邻居或同事的孩子来跟自己的孩子比，说出一些刺伤孩子自尊心的话。太大的压力往往会起到相反的作用，爱孩子不成，反而害了孩子。

◆懂得了爱就懂得了教育的精髓。

◆父母应该不断学习，使自己拥有广博的知识，懂得教育的规律。

第十章

夫妻相和好，琴瑟与笙簧

《增广贤文》：“夫妻相和好，琴瑟与笙簧。”

一、复杂家庭关系中的夫妻关系

当一个新的家庭诞生，意味着来自不同血缘、不同教育背景和生活背景的两个年轻人形成了一种最紧密的关系。这种关系是非常独特的。但是，由于夫妻来自不同的家庭，他们与自己的父母和家人共同生活了很多年，有非常深厚的情感，因此，即使新的家庭诞生之后，他们与原生家庭在很多事情上也有着千丝万缕的联系。所以，婚后处理好大家庭和小家庭的关系是很重要的。

首先，新婚夫妇要很清楚地明白已经建立了小家庭，要有“独立”意识。新的家庭不隶属于任何一个大家庭，在经济、情感等方面都是独立的，双方都要努力维护好小家庭的利益。

同时，夫妻双方也要帮助爱人与自己的原生家庭建立起良好的沟通，发展健康的情感。

如何同老人融洽相处是处理好家庭关系的一个重要方面。从新家庭这个方面来说，首先要建立相处的信心，不要有偏见。花一些时间去了解父母、公婆、岳父母这些长辈老人的生理和心理特点，用真情和他们交流，这样是完全有可能相处好的。

由于心理和生理的特点，婆媳关系是最让人头疼的。因此，在要求两个女人理解宽容对方的同时，作为儿子和丈夫的角色，在处理家庭关系的时候，必须拥有较高的能力。俗话说：会当儿子的两头瞒，不会当儿子的两头传。丈夫在婆媳之间既是一个沟通的桥梁，又是各种家庭矛盾的缓冲地带，同样的问题传达的方式不同，产生的结果就会不一样。

比如，婆媳间关心对方的话可以“添油加醋”地传达给对方，诋毁对方的话可以只听不说。这样，婆媳间闹矛盾的概率就会减少很多。同样，妻子也要避免自己的娘家人干涉自己小家庭的事务。总之，只有夫妻共同去面对，才能保持好大家庭与小家庭之间的距离，也能处理好大家庭与小家庭的关系。

小家庭能否与大家庭和睦相处，最重要的是要和家中的长辈相处好。老人退休之后，特别希望在家里得到更多的温暖、更多的重视，尤其希望子女能孝顺、尊敬他们，遇事多跟他们商量，多征求和采纳他们的意见。随着老人年龄的增长、体力的衰退，老人希望子女能帮助他们完成难以独立完成的事情。老人们的上述需求若能及时得到满足，他们的心情就会舒畅，精神就会愉快，性格就会开朗。反之，如果他们的需要得不到满足，就会感到子女没良心，自己白白辛苦了一生，就会产生被遗弃的感觉和怨恨情绪。即使原先性格开朗的人，也会变得暴躁、孤僻、固执，并且“古怪”起来。

要想在复杂家庭关系中和老人和睦相处，可以参照以下建议：

1. 无论老人经济条件如何，持家能力是否变化，有关家庭大事都应主动征求并尊重老人的意见。

2. 无论老人是否有病，都应经常关心老人的身体状况，遇到老人身体不适时，要主动提出陪老人去看病。

3. 要抽出一定的时间，陪老人们聊天，谈他们关心的事，讲他们爱听的话。

4. 家里有什么活动，比如上公园、看演出等，最好邀请老人一同前往。

5. 对于老人对自己小家庭的扶助，如操持家务、照看孩子、经济支持等，经常要有感激的表示，别让老人觉得儿女是白眼狼。

6. 在生活上，要留心多做一些老人爱吃的食物，买一些老人喜欢的东西。

7. 逢年过节，要记得给老人送些礼品。

8. 教育孩子要尊重老人、孝敬老人。

9. 对老人的合理要求，必须尽可能满足他们。不能满足时，要多做些解释工作，取得老人的谅解。

10. 老人心情不畅、情绪不佳时，要忍耐，不要任意顶撞老人。尤其注意，不要在公开场合驳老人的面子。

不管怎样，夫妻二人要多多体谅和孝敬长辈。当大家庭和小家庭和睦相处、情感融洽的时候，生活才是最幸福的。

刘凤鸣谈幸福家庭：

◆婆媳之间有了不同意见和看法，应该互相谅解，多做自我批评。多看对方的长处和优点。

◆妯娌一起生活不要因为一点小事而发生口角，要学会忍让，克制自己；不能在背后议论人，传小话，以免引起矛盾；互相之间有意见，不能指桑骂槐、借题发挥，而应通过交换意见，多做自我批评，求得和解。

◆媳妇应多关心婆婆，平时根据老人的生活习惯和爱好，多买一些婆婆爱吃的食品；婆婆生病时，应主动陪护婆婆去看病、取药，做点可口饭菜，买些老人喜欢的水果，更要从精神上多安慰老人，使老人早日恢复健康。

二、自由宽松的社会的婚姻基础

所谓婚姻基础，是指在一定的社会里对婚姻成立、婚姻关系存续和解体起决定和支配作用的因素。

在原始社会里，人类处于群婚状态。除去血亲相婚的禁忌外，决定两性结合的力量，是人的自然属性和生理的本能。所以，生物学上的性本能成为婚姻赖以存在的基础。

在奴隶社会和封建社会里，人类进入个体婚时代，两性的结合由原始社会的集团婚、内部的自然交配，逐渐向社会婚的方向发展。婚姻从男女两人的自然行为，发展成为男女两家的事情。婚姻的目的也从单纯满足人的生理需要，发展成为传宗接代的家庭的义务。因此，婚姻由两个人的事，演变为两个家庭的事，从此开始了婚姻家族主义的时代，人们自由婚配的权利被剥夺，婚事由双方的父母决定。婚姻制度发生了性质上的转化。

由原来根据个人本能需要就可以决定的婚姻，转化为由双方家长根据家庭利益的需要来决定儿女的婚事，所以，在漫长的奴隶社会和封建社会里，家庭利益与需要成为构成和维系婚姻的基础。

在资本主义社会，商品经济代替了自然经济，契约自由代替了人身依附，婚姻自由的权利又回到人们手中，代替了父母包办的形式，资产阶级把一切都契约化，婚姻也被视为是一种契约。在形式上，婚姻契约的双方是处于平等的地位，自愿约定的。

但在事实上，由封建社会长期形成而遗留下的男尊女卑的思想及男女经济政治地位上的悬殊差别，在资本主义社会是无法解决的。因此，资本主义社会男女在经济上、政治上、社会上和家庭中的不平等依然存在。在这种男女事实上不平等的条件下，在资本主义社会注重追求个人享乐的前提下，双方缔结的所谓平等的婚姻契约，仍然是双方权衡经济利益的结果。而且，资本主义社会婚姻的成立、存续和解除，都是以个人的享乐与经济上的利害为转移的，爱情是可以随意变化的。

在自由宽松的社会主义制度下，由于消灭了资本主义生产资料私有制及其造成的不平等的财产关系，实现了男女在经济上、政治上、文化上、社会上和家庭地位上的平等，摆脱了女子对男子的委身与依附，在这种条件下，男女结婚与夫妻关系的维持，应该、也必然是以双方的爱情为基础，这才符合社会主义婚姻制度的要求，符合社会主义经济基础和社会主义道德的要求，是社会主义婚姻与其他社会制度婚姻的本质区别。

事实上，也只有到了自由宽松的社会主义社会，以爱情为基础的婚姻才能实现。这是因为：

第一，社会主义废除了私有制，消灭了阶级的剥削和压迫，实现了两性在政治、经济和家庭中的地位平等，这是爱情婚姻得以形成的基础。事实证明，爱情只有在男女平等的基础上才能形成；而物质经济生活水平，并不是爱情产生的必备条件。

第二，建立以爱情为基础的婚姻，是社会主义物质文明建设的需要。婚姻以爱情为基础，有利于建立稳定和睦的婚姻家庭，有利于社会的安定团结，提高人们的生产积极性，促进社会主义经济建设事业的发展。

第三，建立以爱情为基础的婚姻，是社会主义精神文明建设的需要，它有利于建立幸福美满的婚姻家庭，改变旧的人际关系，克服婚姻习俗的影响，提高社会的道德水平。

第四，我国法律和社会主义道德所确认的“婚姻以爱情为基础”，对于改变旧的婚姻家庭生活方式，建立新型的婚姻家庭关系，提高我国婚姻家庭的素质，有着重要的指导作用。社会主义的法律和道德，也必须与社会经济制度的改革发展相适应，站在社会生活的前面，规划出新的生活方式与蓝图，引导人们去“破旧图新”。在这种情况下，旧的婚姻习俗并不会骤然消失，必然会在新的社会生活中有所反映，但绝不能因此而否认自由宽松的社会主义婚姻以爱情为基础的重要性和必然性。

刘凤鸣谈幸福家庭：

◆爱情是人类两性感情发展的产物。

◆资本主义社会的爱情，虽然与封建社会相比，有其积极进步的内容，在形式上有了很大的改变，但在追求个人生活享受和物质经济利益方面，仍是相通的。

◆婚姻以爱情为基础，是在社会主义物质文明与精神文明建设高度发展的基础上才能实现的，是人类文明发展的具体体现。

三、夫妻关系中个性的分量

国外学者曾经做过一个择偶标准调查，调查发现，许多女孩子在择偶时，都把个性放在首位。个性在某种程度上决定了一个人的一生，良好的个性可以使他成为杰出的人才、称职的父母、最佳的伴侣。

美国艾奥瓦大学的一项研究表明，个性趋同要比价值观念相近更为重要。这项研究发现，已婚夫妇通常都具有相同的信仰或价值观，而最容易感到幸福的，则是那些个性相似的夫妇。

从心理学来讲，个性的形成、发展及变化，与人的遗传、环境等因素有着密切的关系。遗传因素是个性形成的最重要的原因，而环境是个性形成发展的一个决定性因素，对一个人后天个性的改变和重塑起到关键的作用。环境对个性的影响，主要是通过家庭、学校、社会活动圈以及工作实践来产生效果的。

人的个性的形成，还受到文化水平和道德素质的影响。有文化有道德的人，就有理智感，就能以正确的态度对待现实生活，这就有助于形成良好的个性。

有的人已经形成了某种不良的个性特征，例如，懒惰、孤僻、自卑、胆小，想下决心进行“转型”，也不是没有可能。人的个性虽有一定的稳定性，但同时也具有可塑性，只要自己下决心去改，一定会有明显的效果。要坚信懒汉可以成为勤奋者，悲观失望的人也可以成为积极向上的人。

传统观念中，婚姻讲究夫唱妇随，夫贵妻荣。其实婚姻是情爱集中释放的地方，而不是随意展现自己独特个性的地方。如果两个人个性都很强，就容易引发感情危机，最终导致婚姻破裂。在保持个性的基础上，找到一个平衡点，用心经营，才会使婚姻幸福。具体来说，以下都是可行的办法：

第一，制定一些规则。夫妻双方发生矛盾并有不断升级的倾向时，及时坐下来制定一些规则。例如，不能说伤害对方自尊的话，不能搞人身攻击，对事不对人，不能当着孩子的面争吵，更不能当着孩子的面说脏话。制定此类规则，当出现争吵时，就要相互提醒，以回归理性状态，减少双方失控的可能。对有些夫妻，这些规则不一定每次都有用，但最起码可以起到警示作用，坚持下去，效果还是不错的。

第二，一方主动示弱。我们都知道，一个巴掌拍不响，当矛盾处于爆发的临界线上，夫妻双方只要有一方暂时忍耐下来或主动示弱，战争也就停止了。个性都强的夫妻能够在一起生活一辈子，就必须形成一方主动示弱的习惯。另外，发生矛盾时要避开孩子和父母。孩子或是父母在场，可能会升级夫妻矛盾，也可能会伤及孩子和父母，不但会给孩子留下心理阴影，也可能直接影响到父母的身心健康。

第三，规避一些敏感字眼。双方个性都强的夫妻，如果一方哪壶不开提哪壶，就一定会爆发矛盾。明白对方的心理，理解对方的情绪，尽量避开一些敏感的字眼，便可以避免一些不必要的争吵。

第四，不要伤害对方的自尊。夫妻双方自尊心都强，就要避免抬高自己，轻视对方。自尊心都强的夫妻，往往会过于自信、敏感，吵起架来，说话做事极有可能走极端。这时要给自己留条后路，不要动粗，不搞人身攻击，不伤害对方的自尊。

第五，平时注意多沟通交流。其实个性太强，并不一定就感情不和，要明白，婚姻的稳定需要双方的妥协。如果不进行控制和调节，就会伤害到感情，让婚姻亮起红灯。平时夫妻要抓住一些机会多交流，多沟通，互相倾诉自己内心的想法，适当表达一下情感，让对方理解自己，这是保持情感平衡的一种极佳策略。

刘凤鸣谈幸福家庭：

◆只有磨平了个性棱角的人，才懂得与爱人和睦相处的可贵。只有相互尊重并且求同存异，才会有幸福和谐的婚姻。

◆幸福婚姻没有统一的标准和固定的模式，如果两个人个性都过强，互不相让，就不可能做出让步，矛盾也很难化解。要想获得真正的幸福，关键是找到一种关系的平衡点。

◆协调双方个性，使婚姻达到幸福完美的上佳解决办法是求大同存小异。

四、处理夫妻矛盾需遵循的原则

有人把家庭比喻为一艘航船。夫妻生活中产生这样或那样的矛盾如同风浪，既能为航行增色，也能给航行造成麻烦。夫妻之间的矛盾能否正确处理，对家庭之船的影响也是迥然不同的。夫妻生活中常见的矛盾有家务矛盾、经济矛盾、个性矛盾、社交矛盾、亲属矛盾、子女矛盾等。世界上没有两个人能够在完全“公平”的基础上分配他们的权威。夫妻之间发生矛盾，甚至激烈的争吵，往往是无法避免的。

这时，任何一方都不能感情冲动地说出“离婚”两个字；否则，将使事态发展更糟。那么，怎样才能处理好夫妻之间发生的矛盾呢？

1. 互相补充。有些夫妻一刚一柔，刚柔相济就很好。要充分了解和利用双方气质上的差异，达到夫妻关系的和谐。唯有各有所长，协调互适，方能长期和睦相处。

2. 宽容忍耐。学会宽容和忍耐，这常常是平息家庭矛盾有效的方法。一般能享受到家庭乐趣的人，最能够宽容其他成员的怪癖性格。如果夫妻之间兴趣爱好不一致，并不意味着一定互相排斥。倘若双方互相容忍，互相影响，还会使家庭生活丰富多彩，妙趣横生。

3. 沟通理解。双方应经常交流信息及思想，杜绝无名怨愤的出现。丈夫要寄钱给乡下的父母，先向妻子说明一下，妻子大多不会阻拦。妻子不慎摔坏了丈夫心爱的东西，应赔着笑脸表示十分抱歉，丈夫一般也不会发火的。若瞒着对方，后果可能更糟糕。

4. 保持缄默。当一方对另一方大动肝火时，去申辩就如火上浇油。这时，另一方最好保持缄默。待对方冷静下来后，再心平气和地进行解释或自我批评，这对冲突的解决大有裨益。

5. 有意回避。互相避让那些容易引起冲突的事物。比如丈夫责骂孩子，妻子见了心疼，这时最好走开，“眼不见，心不烦”。事后，双方再协商教育孩子的方法，力求取得一致。

6. 互做让步。在生活习惯上要彼此中和。“本性难移”，并不是不能移，只是难一些而已。要做些让步，主动放弃和改变一些习惯的东西，以适应对方，双方都让步了，事情就好办得多。

7. 克制情绪。有了矛盾并不可怕，可怕的是双方不冷静，一吵一闹，把本来不大的事也搞得严重了，不但问题解决不了，而且容易伤感情。特别是第一次吵闹就把脸撕破了，以后吵闹往往就会成家常便饭，使小家庭失去和睦与温暖。

8. 携手共进。双方要把精力集中到抓大事上，要鼓励对方在事业上有所作为，不要在家庭小事上多花精力。夫妻还可以共同制定远大的规划和攻关项目，一同齐心协力，携手共进，从而把精力集中到有价值、有意义的方面，这是转移家庭矛盾的一个有效方法。

9. 设想合理。当一方犯了过失，另一方不是责备，而是将对方的过错设想合理化。如丈夫丢了钱，心里很难受，妻子说："算了，就当给人家送人情了吧。"似乎这过失还很"合理"。这样就使原来可能要激化的矛盾较轻松地解决了。如妻子偶尔也犯了一次过失，丈夫就立即用自己的过失做比较，互相抵消。

10. 保持幽默。处理家庭矛盾时，不妨巧妙地运用一些幽默的话语，可防止矛盾进一步激化。

11. 为人考虑。俗话说："一个巴掌拍不响。"夫妻之间产生不和，一般双方都有责任。因此各人要主动扪心自问，查己之不足，多站在对方的角度考虑或主动承认错误。生闷气，不理人，只会扩大矛盾。

12. 尝试小别。当夫妻之间出现矛盾时，你可借事外出三五天。小别几日，彼此尝尝小别的滋味，反而能激发爱和思念。当然这不是赌气出走。

13. 学会安慰。认识到生气是一种正常的情绪。生活在一起的人难免会有烦恼和生气的时候，当这种情绪来时，不必惊慌失措。生气决不意味着"没有感情了"。只要能有像"我是否做了什么让你生气的事""我能为你分忧吗"之类的问候，就是给对方最好的安慰。

14. 谦虚对人。坚持自己一贯正确也许是害怕失去权威，但你如果不学会说"很抱歉""对不起"，那你就很难消除家庭矛盾。

15. 切忌扩大。解决家庭矛盾可用除、减法，将大事化小，小事化了，而不可采用乘、加法，把家庭矛盾看得太重。家庭矛盾最好自己解决，或找来至亲好友劝解，万不可轻易找法庭。

总之，任何矛盾都是可以解决的，关键在于我们要正视矛盾，正确地分析矛盾，找到矛盾产生的原因，从而采取正确的方法。倘使真能这样，那么，即使是眼下矛盾丛生的家庭，重新得到安宁，获得和睦，也是指日可待的。

刘凤鸣谈幸福家庭：

◆夫妻相处过程中不论各自属于何种性格，都要相互照应调适，这样才能相得益彰。性格方面的矛盾是如此，能力、兴趣方面的差异也是如此，处理得不好，同样会成为感情矛盾的策源地。

◆夫妻之间的不愉快往往是由于不能有效地交流导致的，交流的不成功或由于表达、理解不准确，经过反馈之后误差越来越大，以致发生冲突。

◆两性感情生活的和谐与否，还在于夫妻间能否准确地理解对方的感情信息。

五、双方对感情要绝对忠诚

在这个诱惑特别多、顾虑特别少的时代，在这个步子特别快、变化也特别快的时代，忠诚似乎成了一种稀缺品质，尽管如此，我们还是一定要讲忠诚。

洁身自好，多么纯净的一个词，洁白、干净。洁身自好的意思是指保持自己的清白，形容在污浊的环境中，保持自身清白，不同流合污。也指顾惜尊重自己，不与他人纠缠。对于我们的家庭、我们的爱人，洁身自好又是多么高尚的一个词。

在动物的世界里也有这样的典范，一对狼，一旦结为“夫妻”，就会彼此绝对忠于对方，不离不弃，直到生命终结。原来在世人眼中凶恶的狼，在对待两性关系上如此忠贞不渝，真是令人感动。

而且，大多数动物在对待两性关系上，都有自己的“游戏规则”，而且不遵守“游戏规则”的动物会受到同类的惩罚。大多数动物在两性关系上并不是我们想象中的乱七八糟，乱象纷呈。这也正好印证了古人早就说过的这样一句话，“无规矩不成方圆”。原来大多数动物在两性关系上，也有自己的规矩，而且通常能够自觉遵守。

对照古人和狼“夫妻”，反观我们当今的社会，我们做得如何？有多少夫妻还在恪守彼此忠诚的信念？

在如今这个物欲横流的社会，真正能够经得起诱惑的人少之又少。一些人认为自己有权了，有钱了，可以折腾一下了。于是，不顾爱人幽怨的目光，不顾孩子期盼的呼喊，毅然决然地投入到婚外情的“洪流”中……据统计，在现代社会的离婚案件中，因婚外情而导致家庭破裂的要占到六成多。

不可否认婚外情有爱也有情，只不过这种感情并不道德，它太过沉重，它是把自己的欢乐建立在亲人痛苦的基础上，让牵涉其中的人无望而又无奈，到头来伤了自己也害了他人，是一种自私的情感。我们虽有七情六欲，可还应该有起码的道德和理智，应该知道起码的礼仪廉耻，明知道不该爱却还要去爱，明知道错却还要错下去，我们又有何面目面对关心爱护自己的亲人？

回想过去的日子，在滚滚红尘中，我们相识并牵手相爱了，我们不希望永远漂泊，于是我们有了婚姻，也有了一个温馨的家。从此，家中有了一个知冷知热的伴侣，两人世界里，我们发下了永结同心的誓约，在誓约中，我们将白头偕老。

然而，我们终生的幸福并不由此来决定。越来越多的婚外情无情地践踏了人们的美好愿望，也许是眼泪流下时有一种说不出的快感，许多人都想品尝这种滋味。我们迷上了爱情，再次涉入爱河，好像所有的一切都可以牺牲，只求最终能品尝到爱情销魂的滋味，也因此有了那么多婚外情的发生。那一刻我们在梦幻的天堂里尽情地纵欢狂舞，为了满足自己的私欲，不惜伤害所有的亲人和抛弃那份血浓于水的亲情；那一刻，我们的心灵变得格外冷漠，灵魂变得肮脏不堪；那一刻，我们找到了心跳的感觉，享受到了如火的激情，却丢失了自己应有的品行。等到梦醒时分，留下的只有惭愧、内疚的泪水，伴随着撕心裂肺的心痛。

因此，不要让自己迷失，相信忠诚、保持忠诚、坚守忠诚，才能守住你心灵的契约，赢得做人的尊严。守住了忠诚，才守住了幸福，守住了人生。

刘凤鸣谈幸福家庭:

◆忠贞的爱情可以使婚姻更加稳固与和睦。

◆忠贞的爱情会让人产生一种归属感，从而会坚定生活的信念。

◆丈夫忠诚于妻子、尊敬妻子，妻子才会忠诚于丈夫、体贴丈夫，夫妻间相互忠诚，这样的婚姻生活才会和睦美满。忠贞、坚定的爱情是婚姻的关键，也是人们爱情智慧的宝贵之处。

六、相互信任的基础和绝对价值

爱情不是生活的物质基础，而是典雅的上层建筑。两个人共同拥有的生存方式是跟你生命息息相关的东西。要爱，就要相互信任，爱情和婚姻才能得以长久。

很多因素都会造成家庭生活的不美满、不幸福。在影响婚姻生活幸福的诸多因素中，猜疑是婚姻生活的最大敌人。猜疑一般总是以某一假想目标为出发点进行封闭性思考。这种思考既从假想目标开始，最后又回到假想目标上来，就像是在画一个圆圈，越画越粗，越画越圆，最后把自己圈在了里面。

人在胡乱猜疑的时候，很容易被封闭性的思路所支配。这时候，自己绝对需要冷静克制。猜疑是婚姻的毒药，有猜疑，爱就不能完全、充分地发挥和表达出来；猜疑是一堵墙，只有推倒了它，才能架通爱的桥梁，拓宽生活空间。因此，要想保持婚姻生活永远和谐温馨，就不要胡乱猜疑。

猜疑是人性的弱点之一，人一旦掉进猜疑的陷阱，必定处处神经过敏，事事捕风捉影，对他人失去信任，损害正常的夫妻关系，影响个人的身心健康。当发现自己生疑时，不要朝着证明猜疑的方向思考，而应该反问自己：为什么我要这样想？理由何在？如果怀疑是错误的，还有哪几种可能发生的情况？在做出决定前，多问几个为什么更有利于自己冷静思索。要学会找到产生怀疑的原因，学会自我安慰，学会及时沟通，解除疑惑。

首先，我们要学会用理智力量克制冲动的情绪。当发现自己开始怀疑对方时，应当立即寻找产生怀疑的原因，在没有形成固定思维之前，引进正反两个方面的信息。比如，看到对方与异性来往，在怀疑对方有外心的同时，更要想一想他们会不会是正常的社交关系？会不会是巧合？抱着这样的心态再去做深入的了解，这样得到的答案才是正确的。

现实生活中许多猜疑，被戳穿了是很可笑的，但在被戳穿之前，由于猜疑者的头脑被封闭性思路所主宰，就会觉得他的猜疑顺理成章。此时，冷静思考就显得十分必要。

其次，我们要培养自信心。每个人都应当看到自己的长处，培养起自信心，相信自己会与对方处理好关系，会给对方留下良好的印象。这样，当我们充满信心地进行工作和生活时，就不用担心自己的行为，也不会随便对对方产生怀疑心理。

再次，我们要学会自我安慰。两个人生活在一起，难免会产生一些摩擦，这并没有什么值得大惊小怪的。在一些生活细节上不必斤斤计较，可以糊涂些，这样就可以避免自己烦恼。

最后，很重要的一点，双方要及时沟通，解除疑惑。世界上不被误会的人是没有的，关键是我们要有消除误会的能力与办法，如果误会不能尽快地解除，就会发展为猜疑；猜疑不能及时解除，就可能导致不幸。所以如果可能的话，最好与对方开诚布公地谈一谈，以便弄清真相，解除误会。猜疑者生疑之后，冷静地思索是很重要的，但冷静思索后如果疑惑依然存在，那就该通过适当的方式，同对方进行推心置腹的交心。若是误会，可以及时消除；若是看法不同，通过谈心，了解对方的想法，也很有好处；若真的证实了猜疑并非无端，那么，心平气和地讨论，也有可能使事情在冲突之前解决。

相互信任是夫妻之间爱情的基础，猜疑却是爱情的蛀虫。要想消除隔阂、排除误会，就必须加强沟通和交流，建立相互信任的家庭和谐氛围，才能消除夫妻间的隔阂，避免感情破裂，拥抱婚姻生活那温暖的晴空。

刘凤鸣谈幸福家庭：

◆如果因丈夫或妻子与异性接触而无端地怀疑对方，甚至发展到监视对方的做法，对夫妻感情和家庭稳定都是有百害而无一利的。

◆夫妻两个人并不是时时刻刻生活在一起的，各人都有各人的心事和社会活动，如何巩固感情呢？除了相互进行感情交流、增加互相了解外，就是首先打下互相信任的基础。

◆夫妻之间的关系非常亲密，夫妻之间应当充分信任对方，不乱猜疑。然而，正因为关系最亲密，也就成了最适合猜疑生长的温床。猜疑一旦产生，就会引发一系列难以挽回的后果。

七、离婚——不得不说的话题

离婚是婚姻死亡的一种形式，它标志着婚姻的解体。过去，离婚是人们非常忌讳的话题，爱情和婚姻的美好与神圣因离婚而终结，如同一个鲜活的生命步入了坟墓。但如今，人们的思想解放了，观念更新了，社会也宽容了，离婚不再被看得那么讳莫如深，而是被视为一件很普通、很平常的事。于是，随之而来的是全国各地离婚率的逐年上升，尤其北京、上海、广州等经济发达的大城市，离婚率更高。而且，离婚当事人的年龄趋向低龄化，以“70后”和

“80后”人群为主，婚龄普遍不长。

那么，离婚是好还是坏？人们为何要离婚？离婚会给生活带来怎样的影响？人们该如何看待离婚？离婚后应如何调整心态呢？对于这些问题，接下来我们选择进行分析解读。

（一）离婚是好还是坏

任何事情都有好坏两面。对于离婚，我们也要一分为二地看待。一方面，离婚是社会进步的表现。随着物质生活水平的不断提高，人们越来越倾向于精神层面的满足和精神与物质的统一。人们敢于挣脱不幸婚姻的枷锁，舒展被扭曲的灵魂，追求完美和谐的情感生活和高质量的婚姻生活，这充分体现了时代的进步、人性的复活和人们婚姻观念的更新。但另一方面，离婚也给社会带来了许多不安定因素：一是人们丧失了婚姻责任感、家庭责任感和社会责任感，把离婚看得过于随便，在一起不开心就离婚；二是离婚手续简便，更像是为离婚开了绿灯，使离婚变成了家常便饭。

（二）人们为何要离婚

离婚的原因恐怕是多种多样的。根据调查和统计，人们离婚的主要原因依次为：性格不合，观念不一致。然后就是婚外情，家庭暴力，两地分居，假离婚（由于夫妻双方感情并未真正破裂，因而有时会出现有说有笑去离婚的怪象。这些人通常表现得很信任对方、很大度，对于可能出现的意外，他们并不在乎，“大不了弄假成真呗”）。

其他情形的离婚，原因可谓五花八门：因传宗接代思想严重而离婚，比如一方没有生育能力或妻子没有生男孩；因外力控制而被迫离婚，比如父母干涉，家庭关系不和，婆媳矛盾、妯娌矛盾等导致夫妻关系恶化；因家庭发生重大变故而离婚，比如遇到政治上、经济上、生理上的重大挫折，或者一方由劣势上升到优势或由优势下降到劣势（下岗失业）；因一方好逸恶劳，有赌博、嗜酒等恶习或因一方违法犯罪被判刑而离婚；等等。

（三）离婚后如何调整心态，走出离婚的阴影

离婚之后，当事人会经历两个阶段——剧痛期和康复期，当事人的首要任务就是进行心理调整。夫妻双方从两个人吵吵闹闹到一个人形单影只，会有一段时间的不适应期，对此双方都要有充分的心理准备。离婚以后，可以选择独立生活，也可以选择回到亲友身边，不管怎样都要制订一个过渡性的应对计划，来帮助自己摆脱痛苦，走出低谷。

首先，果断跟过去说再见，轻松开始新生活。离婚的伤害是刻骨铭心的，从这样一段不堪回首的经历中走出来，的确不容易。但是你要想一想，婚姻本来应该是两情相悦，如果爱不在了，死缠硬磨只会让自己伤痕累累，委曲求全也只能换得对方的更加鄙视。所以离婚是一件好事，它能让你结束婚姻的痛苦，放自己一条生路。但是，离就是离了，你不能总是回忆过去的点点滴滴，让以往婚姻的痛苦和伤害继续影响你今后的生活，所以你要拿出勇气把过去和现在彻底断开，坚决不让过去的乌云遮住你现在头顶的阳光。

其次，转移注意力，寻找新的生活支撑点。离婚以后，不要让自己有太多的闲暇，忙碌一些会更好。可以把时间和精力投入到工作和学习中去，工作让你有成就感，学习有助于提升自己；可以经常与朋友聚会聊天，培养新的生活乐趣，换个发型，买件新衣服，自由自在地“为所欲为”；可以跟团外出旅游，最好是中远程的，出去时间多一些，把自己融进一个团队，结伴而行，相互关照，随着时光的流逝，淡化离婚带来的阴影；也可以选择回到父母身边或至亲好友身边住一段时间，用亲情疗伤。在父母身边自己可以像孩子一样，有充分的依靠和安全感，与同辈亲友住在一起，可以让自己觉得不再孤单。

最后，带好你的孩子，他是你最爱的人。孩子是父母永远的牵挂，抚养孩子、教育孩子是父母的天职，所以离婚以后要尽最大努力去爱护他、引导他，教他做人的道理，使他少受来自家庭破碎的伤害，使他平安快乐、身心健康地成长。同时，也不要忽视孩子的作用，他可能在生活中帮不了你多少忙，却是你强大的精神支柱，是你最宝贵的财富，他会用纯真的爱唤起你对生活的热情，为你填补心灵的空虚。

离婚是不幸的，但从中走出来，你依然可以快乐自信，活出你的精彩。

聪明人，不会为一杯已打翻在地的牛奶，哭泣一辈子。

刘凤鸣谈幸福家庭：

◆不要把离婚看成是一次失败，“塞翁失马，焉知非福”，应该说这段婚姻只是婚恋过程和情感生活中的一次经历。也不要因为离婚而悲观失望，要把离婚看成是一个转机，是走向幸福的一个新起点。

◆也许不幸的婚姻让你忽视了生活中拥有的很多宝贵的东西，那么现在是时候去发掘它们了。要珍惜离婚后自由而美好的时光，要把每一天都过得充实而有意义，要以良好的心态踏上新的征程。

◆既然离婚已成既定事实，那就要勇敢去面对，尽一切努力将影响与伤害降到最低，最好能使原来的夫妻关系变成朋友关系，双方在今后的生活中也能相互照应。当然，做不到也无所谓，大不了一切从头再来，这世界谁离了谁都能活下去。

第十一章

人亲财不亲，财利要分清

《增广贤文》：“人亲财不亲，财利要分清。”

一、许多矛盾是因钱财而起

钱财矛盾是家庭生活中的主要矛盾之一，在各种家务事中，钱财问题引起的矛盾如果处理不当，可能造成家人之间反目、感情恶化甚至夫妻离异。

因此，家庭钱财问题是家人必须共同协商和沟通并解决好的问题，因为在挣钱与花钱方面处理不好的话，最容易产生矛盾。从一开始，两个人就要充分沟通，在管理方式和花钱模式上制定符合实际的、两个人都能接受的办法。如果在钱的问题上没有磨合一致，两个人之间的理念冲突又比较大的话，那么产生矛盾是迟早的事情。

当发生钱财矛盾时，双方应使头脑冷静下来，心平气和地交换意见。不要纠缠细枝末节，以便把矛盾解开，消除彼此间的误会。家人双方应拿出消除矛盾的诚意，亮出自己的看法、意见和要求，请对方认真考虑。不要互相把气憋在心里，又都不肯交谈，矛盾就会不断激化，增加解决问题的难度。

交换意见、摆出矛盾之后，双方应共同协商，以求取得基本一致的意见。在协商过程中，要互谅互让，各自充分尊重对方的意见，不要独断专行，把自己的意志强加于人。如果自己在家庭钱财上有不妥之处，应向对方表示歉意，争取得到谅解。

解决家庭钱财矛盾时，应就事论事，不可将矛盾扩大化，更不能主观臆断，胡乱猜疑，丈夫怀疑妻子有外心，妻子怀疑丈夫有“第三者”，这样，不仅会把简单的问题复杂化，还会“节外生枝”，把钱财矛盾变成感情冲突，出现婚姻和家庭危机，把事情搞得一塌糊涂。

严于律己，在家庭钱财问题上互相商量、经常沟通，可以有效地避免钱财矛盾的产生。家中购置大件物品，丈夫在外招待朋友，妻子购买贵重的衣服，都应共同商量或向对方打个招呼，取得对方认可。

还应提及的是，家庭一旦出现了钱财矛盾，不要在感情冲动之际向外宣传，应作为家庭隐私对待。如果向邻里、同事讲了，他们绝不会帮助你把事情处理好，有的还可能借机搬弄是非，把事情弄得不可收拾，生活中类似的教训已经不少了。那么如何避免和处理好家庭的钱财矛盾呢？

首先，要开诚布公，不能掖着藏着。一个遇到困难，其余的就要各尽所能，有钱出钱，有力出力，毕竟是同胞姐妹、手足兄弟、生养父母。在孩子较多的家庭中，切忌亲此疏彼，一碗水要端平。

其次，“亲兄弟，明算账”，这是老祖先的训条。要分清楚借与送。对借方来讲，借就是借，有借有还，不仅要还本，还要还利息或酬金，至于贷方要不要利息或酬金就另当别论。而送则不一样了，送就是你亲人的情分了。

最后，如果借用数量大、时间长，家庭内部在讨论借贷事项时，应吸收各自的小家庭成员参加（妯娌、连襟等）讨论。大家把话说在明处，在当事的每个小家庭之间达成共识，以免时间长了发生矛盾。有时兄弟之间说好了的事，妯娌之间却闹矛盾；有时姐妹之间谈拢了的事，连襟却有不同的看法……家庭问题处理起来有时比处理与外人的关系还复杂。

刘凤鸣谈幸福家庭：

◆钱财矛盾中最为突出的是借贷行为，社会有，家庭亦有。家庭借贷矛盾处理起来往往比社会借贷矛盾更难，所谓“清官难断家务事”。

◆钱财矛盾时而扩大，时而缩小，时而激烈，时而平缓，所不同的是，家庭内部的以借贷为主的钱财矛盾大部分易于控制，具体体现是后果的可控性。

◆在夫妻纠纷中，相当一部分都集中在经济问题上，这是双方刚结婚时没有经验造成的，也可能是两个人的个性造成的，也有些是因为金钱观念造成的。

二、赡养老人：平均主义？能者多劳？

子女对父母在物质上和生活上的帮助与照顾，称之为赡养。孝敬父母，赡养老人，在我国是一种传统美德，也是每个公民应尽的义务。

《中华人民共和国婚姻法》规定：子女对父母有赡养扶助的义务，不得虐待或遗弃。根据我国婚姻法，子女对父母有赡养扶助的义务，这种义务是无条件的。

这就是说：第一，子女对父母的赡养和扶助不受时间限制，任何时候，只要父母提出要求，子女就应当履行自己的义务。不能借口以前父母没有要过赡养费，现在就拒绝付这笔钱，也不能以自己某一时期曾经付过赡养费为理由而逃避现在的责任。

第二，子女对父母的责任不因客观外界条件的变化而变更或消除，除非父母死亡。如果父母离婚，由一方扶养的子女仍有责任赡养另一方，不能因为自己是父或母一个人抚育长大的，就免除对另一方父或母的赡养义务。比如，几个子女中有一个子女可以全部负担赡养费，其他子女也不能因此而推卸自己的责任。

当然，每个儿女的经济状况不同，赡养老人的能力也有大小，在具体确定哪个子女应付多少赡养费时，还应当实事求是，能力强的义务人应尽量多承担一些，赡养能力弱的子女可以少承担些。如果有的子女确实经济很困难，其他子女经济条件较好，而且愿意代替困难的子女承担对父母的赡养义务，有困难的子女也可以暂时不承担赡养义务。但这种情况必须以其他子女的自愿为前提。这样既符合法律规定，也顾及了义务人的实际负担能力，合情合理。

事实上，随着社会的发展，物质的丰富，老人丰衣足食已不成问题，赡养老人，主要还是心理方面的，重要的是应体现出晚辈的一片爱心。

（一）有事多与老人商量，处处尊重老人

比如说家里原有的桌椅组合柜陈旧了，想处理掉买新的。本来是花自己的钱，无须老人破费，似乎不必征求老人意见了。实则不然。老人们多是节俭惯了的，处理旧家具一是他们心疼，二是大事不商量，他们便觉得自己成了家里的“观众”，不再是一家之主了。

（二）为老人过好生日

小时候父母为孩子过生日，一家人欢天喜地。孩子成人后，为父母祝寿也是一种孝敬和回报。祝寿的方式内容虽可简可繁，但一定不可忘记。

（三）请老人帮着当家理财

人老了，闲着无事就爱闹病。儿女们忙工作忙学习忙发财，将钱给老人一些，让他们来帮着管理和开销，这是很能联络感情的一种方法，体现了年轻人对父母的信任与亲近。

（四）为老人购置些营养保健食品及用品

老年人腿脚不灵便，较少出门上街。做儿女的为老人买些吃的、用的，花钱不多，但很能体现出孝心和爱意。与老人生活在一起，千万不可买了食品关起门来独吞。老人多有“老小孩”心理，不一定是馋吃，是馋那份心意。

（五）打扮老人

老人在传统观念影响下，对穿衣多不讲究。用年轻人的审美观念去美化老人，是一种“反哺”。即年轻人对老年人的心理哺育，使他们活得更年轻快乐。老年人不愿打扮得年轻些，主要是怕儿女们说三道四。如果儿女们先支持了，那他们大多会接受新潮服饰的。

（六）教育孩子尊重老人

第三代出世后，独生子女娇生惯养，对爷爷奶奶这一辈时有非礼的举动。隔代长辈又不好对孙子辈施加威严，做父母的在这方面有责任和义务教育好孩子，使他们从小养成尊重老人的好品质。

（七）督促老人经常检查身体

老年人的身体，一年一个样。定期检查身体，是老人健康长寿的积极步骤。

（八）注意减轻老人的家务劳动

现在的食品越来越成品化，家用电器越来越自动化。在财力允许的情况下，从做饭、干家务及照料第三代上适当减轻老人的负担是可以做到的。用财力来表达对老人的爱心，可说是“不费力就讨了好”，何乐而不为呢？

（九）轮流“值班”好

老年人如果有很多子女，在子女们结婚后，轮换着到子女家去住，或让子女轮换着到老人身边来住，这是一个很值得提倡的好办法，特别是今后住房越来越宽松的情况下。

兄弟姐妹们共同分担赡养老人的义务，人人都献出一点爱。特别是在老人卧床不起后，这种“轮流值班”就更有执行的必要。如果老人在健康时总是守着一个儿女，那在病倒后其他儿女可能就不会主动去照料他们。共同生活，是增强感情的必要条件。

刘凤鸣谈幸福家庭：

◆父母的养育之恩，恩重如山，做儿女的无论什么时候都不能忘记。

◆赡养好老人，是维系家庭安定，保证家庭幸福的前提之一。

◆每一个公民都应该从法制、道德、良心出发，赡养好自己的父母、老人。丈夫、妻子的父母要同样对待，不分彼此。如果自己的祖父母或外祖父母还健在，父母缺乏赡养能力的，儿女同样有赡养的义务。总之，做儿女的，要处处体贴关照老人，使老人有幸福的晚年。

三、家庭“利益”不仅仅指钱财

生活中，有些人往往在对家庭的认识上存在误区，他们觉得，家是可以放松情感、自由释放情绪的地方，而家庭利益就是钱财利益。因此，他们不注意对家人的呵护，他们为了所谓的事业，常常把家当成旅馆。

他们想当然地认为，对待家人无论怎样冷漠都不会影响彼此间的感情，他们只要能够为家人提供充足的物质生活就可以了。殊不知，感情也是需要维护的，你若不懂得细心呵护家庭成员之间的感情，用粗暴的方式来对待你的家庭成员，就会造成家庭成员之间亲情冷漠、家庭氛围不和谐，而这些最终还会影响你的事业。

家庭利益不仅仅指钱财。家是人永远的港湾，无论你遭遇了什么，只要还有家在，你的心便永远不会失去温度。只有拥有家庭，才能让心灵永远不孤独。

我们从出生到老去，谁能离得开家的怀抱？谁能挣得脱对家的那份永远不变的炽热情怀？小时候，家是母亲；长大了，家是父亲。我们就是被父亲从鸟笼中放飞，却又被时时牵挂着的那只雏鹰，脆弱而又坚强，翅膀虽稚嫩，但却怀有崇高的理想。结婚后，家是妻子那温情脉脉的眼神，家是孩子那甜甜的醉人之吻。再往后，家是子孙绕膝的天伦之乐，是风雨同舟几十载的老伴的唠叨。

家庭利益不仅仅指钱财。家是我们生命中永恒的歌谣。无论我们是在茫茫黑暗中，还是在冰天雪地里，充满祝福与爱的歌声永远会萦绕在我们的耳畔，给我们带来希望，带来真正的温暖！

家庭利益不仅仅指钱财。家，像车船，它默默无言地载着你和你的家人，纵横于高山平原、江河湖海。

幸福家庭更像一座大厦：爱是基石，深深地沉在心灵的深处，毫不动摇地承受着一切；宽容是墙壁，无论是严寒还是酷暑，都把你拢在温暖的怀中；尊重是屋顶，狂风、暴雨、寒霜、暑热统统被挡在外面；责任是房梁，横穿时间的始末，成为整个大厦的脊梁；积极是炉火，它使屋内四季如春，舒适宜人；知足是门窗，可以让你看到外面的风景，可以让你走向莺飞蝶舞的丰腴平原，走向日升月落的巅峰绝顶；赞美是吹进来的暖风，它可以使你如沐春光，可以使你更加自信地走向社会。

家庭利益不仅仅指钱财。家庭是我们心灵的港湾、事业成功的后盾，更是我们幸福的源泉。没有家庭成员支持和关心的人，无论他取得多么辉煌的成就，其内心往往也会充满失落。对于一些已经组建或者是即将组建家庭的人来说，应该担负起对家庭的责任，努力构建和谐的家庭。愉快的家庭氛围就像心灵的加油站，和睦的家庭是我们奋斗和努力的坚实后盾。反之，冷冰冰的家庭氛围将会成为我们事业和生活失败的导火索。

家庭给我们带来的利益，取之不尽用之不竭，永远无法用钱财衡量。我们无论拥有什么样的梦想和追求，都不能忽视家庭。我们要想让自己有幸福的生活和成功的事业，就应该重视家庭，尽力营造幸福的家庭氛围。

刘凤鸣谈幸福家庭：

◆家庭的和睦、美满和幸福是事业成功的基石。

◆家庭是每个人实现生命意义的大本营，是心灵的加油站。

◆重视家庭和亲情，是中华民族的传统美德。几千年来，许多有成就的人都把家庭放在第一位，因为他们知道，只有“齐家”才能“治国平天下”。

四、亲兄弟为什么要明算账

在家庭交往过程中，免不了一些经济上的往来。既然是亲兄弟，往往在某些经济开支上不分彼此，今天我支一点给你，明天你取一些给我，仿佛不这样，就显得感情不够深似的。结果由于种种主客观原因，拖欠钱物的现象时有发生，闹得双方都很不愉快，有的甚至对簿公堂，双方感情也陷入冰窟。

究其原因，主要是有些人在涉及经济的交往中，只考虑亲密程度，而忽略了在现代市场经济条件下必须具备的契约意识，不懂得经济交往必须依靠法律来规范权利和义务。实际上，只有在经济交往中增强契约意识，严格依法办事，才能真正地做到公平、合理、合法，最终也会取得兄弟的理解，增进彼此间的感情。

诚然，中国有中国的国情，中国人有中国人独特的人情味，大可不必像美国人那样，如果事前没人讲定请客，即使是父亲和儿子一起上餐馆，就餐后也得分别付账。但“亲兄弟明算账”这句老话，仍值得我们在经济交往中时刻注意。

向阳和向光是一母同胞的亲兄弟。自小，兄弟二人同吃、同住、同上学、同玩乐，那份感情实在是又浓又厚。

成人后，两人各自成了家，兄弟仍然很亲，但妯娌间相处得却并不融洽。后来，哥哥下海经商，有一笔生意他想和弟弟一起“狠赚”一把。弟弟没本金，哥哥的钱又不够，于是弟弟四处求借，好歹凑足了数交给哥哥去办货。不幸的是，这笔生意并不像哥哥预想的那样，他不仅没赚到钱，反而还赔了不少。

兄弟二人日日相对发愁，尤其是弟弟，他的钱都是借来的，他真不知道该怎样才好。本来嘛，做生意都是有赚有赔，如果兄弟二人坐下来好好地想想办法，局面也不是不能挽回。可弟弟却听了妻子的一番话：“他说赔多少就赔多少？天知道！咱们的钱还不了，这日子还怎么过？我看哪，你还是得去催催，让他先替咱们把钱还了……”

弟弟第二天到了哥哥家，期期艾艾地把要钱的意思说了。第三天，哥哥怀揣着一大叠钞票进了弟弟的门，他把钱往桌上一拍，一言未发掉头就走了。那笔钱是哥哥把自己的汽车给卖了才凑齐的。

从那以后，兄弟二人再也不像以前那样亲热了，他们心里都有一个解不开的死疙瘩。

那么，亲兄弟之间应该怎样明算账呢？

第一，在算账这个问题上，你不必自视清高，仿佛君子不谈钱，一提起算账就玷污了自己。也不要假充大方，摆阔气，这样会花很多的冤枉钱，也得不到别人的敬重。当然，铁公鸡式的吝啬和小气也不可取。

第二，与兄弟合买东西，事先要说清楚，事后要尽快结清。

第三，与兄弟外出吃点心、喝饮料或临时吃饭，传统的做法是这次别人买，下次你买，平均一下。现在流行的做法是“AA”制，即大家均摊，但可由一人先代付款，其余的人事后再交上自己的那份钱，最好避免当众收钱。切忌经常白吃白拿，占人便宜。

第四，与兄弟合做生意或投资，事先要写好协议或合同，最后一定要把账算清楚，很小的尾数，可以忽略不计，彼此互相谦让一下。

刘凤鸣谈幸福家庭：

◆如果兄弟都未成家，那么在金钱上不妨糊涂些，潇洒些，用不着非要弄个一清二楚的。

◆生活中没有钱不行，但金钱毕竟是身外之物，生不带来，死不带去。所以，对金钱要有正确的观念，更不可见利忘义。

◆但若是兄弟均各有家室，而妯娌关系又较“勉强”的话，那么在较大笔的金钱往来上，则应该把话说在前头，必要时，甚至可以立个字据。这样，就不会事后翻脸了。

五、老人偏心，你能否一笑而过

家庭中，常常听到这样的牢骚：爸爸妈妈就是偏心小弟。似乎当爹妈的常常厚此薄彼。由于存在这种想法，家庭的某些矛盾由此产生，容易造成兄弟姐妹之间的不和，从而影响子女与父母的感情。

表面看来，每个子女多的家庭都或多或少存在着这样的问题。比如，父母对某个孩子关心得较多，常常为他出主意想办法，或让某个孩子少分担些家务，而另外一些孩子多分担一些，使得这些孩子觉得父母偏心，觉得自己得不到父母的爱。

其实，人往往有一种本能，就是保护弱小，父母也有这种倾向。由于体质的差异，有的孩子从小体弱多病，父母当然会把主要精力用于照顾这个孩子，由于在父母眼中孩子再大也是孩子，这种照顾有时会延续到成年以后，而对其他的孩子就冷落了。由于性格的差异，有的孩子独立性较强，自己可以独立处理一些事，父母觉得这样的孩子省事，令他们放心；相反，有的孩子独立性差，依赖性强，所以父母总觉得放心不下，为他们的事就考虑得多一些，显得父母对后者更偏心一些。有的孩子从小不在父母身边长大，而是由爷爷奶奶或外公外婆带大，有的甚至十几岁才回到父母身边，父母对这个孩子与其他一直在身边的孩子可能有些差异。

实际上，父母对自己的每个孩子都是很爱的，但有时表达的方式不同，针对每个孩子不同的特点和需求，关心的侧重点也不同。比如，有的孩子学习不自觉或比较吃力，父母就会帮助这个孩子，使他渡过学习上的难关；有的孩子在生活中遇到了苦恼之事，像刚参加工作人际关系不知如何处理或与朋友闹了矛盾等，父母又会为这个孩子操心，帮他解除思想上的疙瘩。

一方面，父母的精力毕竟是有限的，他们上有上一辈老人需要照顾，自己的工作可能正处于紧要阶段，子女还给他们增添许多烦恼，难免有照顾不周的时候，这时做儿女的一定要体谅父母的难处与苦衷，尽量自主独立，替父母分忧解愁。

另一方面，父母偏爱其他兄弟姐妹，也应从自己方面找找原因：是否自己不太会“来事”，常使父母生气；自己对父母是否关心；由于长时间不在父母身边或性格内向不愿向父母表露自己的思想，使父母不了解你；等等。如果有这方面的原因，自己也应在日常生活中多加注意。

即使确实是父母在处理问题时有偏心的不当之处，也不能一味地埋怨或产生逆反心理，甚至当面“出言不逊”，从而造成关系紧张，可以耐心地加以劝说和暗示。

俗话说，人心都是肉长的，如果你能不图回报分担父母的一些负担，父母一定会看在眼里、记在心里，哪有亲生父母不疼儿女的道理？改善关系要从自己一方做起，拿出行动来感化双亲。精诚所至，金石为开，最终定会使关系变得亲密融洽起来，得到家庭的温情。

刘凤鸣谈幸福家庭：

◆受到父母或其他长辈一味偏爱的孩子，习惯于受宠，习惯于把精力用在猜测别人的态度方面，而很少用在积极地思考和观察事物方面，因而减慢了智力发展的速度。

◆在儿时受到父母偏爱的孩子，在社会生活中，在自我情感控制方面常常表现出大起大落或容易产生偏见的不稳定状态。

◆受到父母一味偏爱的孩子，对父母的态度，越是随着年龄的增长，其冷漠和不关心、不负责任的成分越高。

六、家庭财务管理的几种模式

俗话说："吃不穷，穿不穷，盘算不好一世穷。"这说的就是持家理财、家庭财务管理的重要性。有计划、会安排、会管理，这样就等于给自己和自己的家庭成员系好了安全带，这样，家庭经济才能有保障，才能正常地生活工作，否则一切都会受到影响，这也是家庭幸福的一个重要保障。

通常而言，家庭财务管理有以下几种模式。

（一）把握家庭中的收支情况

对家庭收支情况的了解，主要应包括以下四个方面：

1. 家庭成员的理想、期望和重大家庭规划。比如主要家庭成员的身体状况、医疗状况；子女情况，包括子女的预期收入、培养目标、各种资金援助（子女的结婚和住房等）；退休后的状况，包括退休时间的确定、退休后可领取养老保险的收入、对退休后的生活质量要求以及遗产的继承和赠予；家庭住房（不动产）情况，包括房产的购买或更换、装修等费用，闲置房产出租等收入；等等。

2. 家庭的总体收支。主要包括家庭成员目前的收入、支出、投资、存款、养老资金储备等情况，以及预测未来可能发生的收支变化。

3. 家庭的资产负债状况。主要包括家庭的不动产、储蓄性保险、金融资产、个人养老金等资产情况，以及住房贷款、教育贷款等负债情况。

4. 家庭生活保障。主要包括家庭成员所在单位的保障情况、家庭所涉及的各种社会保险、家庭居住地的保障制度以及个人自由投保的情况等。

（二）确保月收入中有固定数额的财产用于储蓄

聪明的理财者会在生活中严格要求自己，把每月月收入的20%~50%用于储蓄。这样，积少成多，小钱也会变成大钱，并且当意外来临时不至于茫然失措。

（三）确保各项计划能够执行下去，并且持之以恒

无论是储蓄、投资，还是消费，除非发生意外情况，否则都要按照事先拟好的计划和规划，认真执行并坚持下去。

（四）确保不能过度透支消费

平时消费支出一定要合理，并在计划支出的范围内。为了做好家庭财务管理，即使遇到特殊的情况造成计划外的透支，也不要超出自己的控制范围，

确保不进行过度的透支消费。当然，重大的特殊事故发生时除外。

（五）合理安排好子女的学习与生活

子女是家庭未来的延续，而且他们在长大成人之前往往没有经济能力。因此，家庭财务管理者一定要对其学习与生活进行合理的安排，并且把用于孩子身上的支出当成家庭理财的重点。

（六）购买保险

聪明的家庭财务管理者深知个人无力预测和应对各种突发性事件可能造成的伤害，因此为了弥补这些伤害带来的损失，他们往往会提前为自己、自己的家庭成员以及家庭财产购买保险，通过这种方式将自己的生活风险降低到自己可以承受的范围内。

（七）为自己储备好退休金

因为人的衰老是不可抗拒的自然规律，所以人们不得不考虑自己老年丧失劳动能力之后的经济收入来源及生活开支情况。因此，家庭财务管理者应为自己和家人退休之后的生活做好全盘的规划，筹备充足的资金。

（八）对细小、琐碎的开支要予以重视

任何不必要的细小开支都是财富的减少，任何微小收入都是财富的增加。所以，家庭财务管理者一定要对细小、琐碎的开支予以重视。

每个家庭有每个家庭的实际状况，因此，在进行家庭财务管理的时候，一定要结合自己家庭的实际状况做出科学、合理的安排。不要人云亦云或者互相攀比，这样才能在家庭财务管理中真正受益。

刘凤鸣谈幸福家庭：

◆家庭财务管理是一项复杂而又琐碎的工作，这就需要家庭财务管理者有长期的目标，做好安排，考虑周全。

◆有的人一听说财务管理就觉得深奥复杂，其实，每个家庭只要根据自身的实际制定相应的财务管理目标，理顺后就会觉得很简单，而且会对投资理财很有帮助。

◆巧花钱，不浪费钱，不花冤枉钱，该花的一定要花，不该花的就坚决不花，科学安排，精打细算，只有这样才能让小日子过得红红火火。

七、关于老人的遗产分配

所谓遗产分配，是指财产所有者去世后根据法定继承、遗嘱或其他法律规定对其遗产进行分配的制度。

在现实生活中，有人受到“人不为己，天诛地灭”“一切向钱看”等不择手段地追求享受的歪风邪气的影响，在家中只顾自己，不管对方，置道德、兄弟情谊于不顾，为遗产问题闹得不可开交。父母健在时，他们不尽孝敬、赡养之责，却计算着父母有多少积蓄；当父亲去世后，他们就急不可耐地与母亲纠缠不休，要求尽量早分掉遗产；而当母亲病危时，更犹如在本来就不太平静的水面上投下一块巨石，激起轩然大波，子女们为争遗产开始了公开的争夺，甚至演出各不相让、反目斗殴的闹剧。这种人显然把个人的利益看得过分重要了，心里只盘算着如何积聚“小家业”。如此一来，兄弟之间的手足之情只能成为牺牲品了。

“好儿不靠养老地，好女不靠嫁妆衣。”所以兄弟之间不要争夺家产。我们认为，为了能使兄弟的手足之情不受损害，面对遗产分配问题应尊重父母生前的意愿。

父母有明确分配意见或有遗嘱时，应严格按父母的意见去分配。违背父母的意愿去争夺家产，既是对父母的不尊不孝，也得不到法律的保护，有时甚至还会受到法律的制裁。假如父母没有明确的分配意见，或父母来不及留下遗嘱时，兄弟之间更应该保持克制，友好协商，并请亲友中的长辈或律师从中斡旋调和，以求得客观、公正的分配方案。如果因为家产分配而大打出手，或吵吵闹闹，影响兄弟关系，是非常错误的行为，必将受到世人的耻笑。

我国继承法对法定继承人的应继份没有做出具体比例的强制性要求，而是以较为抽象、原则的规定，既赋予继承人协商处理的权利，又恰当地反映出原则性与灵活性相结合的需要。根据《继承法》规定，法定继承人的遗产分配有三项原则：一是互谅互让、和睦团结的原则；二是相对均等份额原则；三是特殊情况下继承份额不均等原则。比如对生活有特殊困难的、缺乏劳动能力的继承人，分配遗产时，应当予以照顾；对被继承人尽了主要抚养义务或者与被继承人共同生活的继承人，分配遗产时，可以多分；代位继承人缺乏劳动能力又没有生活来源，或者对被继承人尽过主要赡养义务的，分配遗产时，可以多分；等等。

在遗产问题上，我们提倡互相谦让，其实也是先人后己的问题，有没有这种先人后己的、高尚的共产主义道德，可衡量出兄弟姐妹的道德修养。很难设想，一个在家庭中处处坚持个人第一，不能做到先人后己的自私者，能在社会上正确处理好自己与国家、与集体、与他人的关系。

总之，小家庭的幸福生活也要靠自己的辛勤劳动去创造，不能躺在父母的遗产上享清福，更不能为争得一点遗产而不顾兄弟之间的骨肉之情。

刘凤鸣谈幸福家庭：

◆析产俗称分家。在遗产分配时，要先把被继承人的个人财产从共有财产中分出来，然后再作为遗产在各继承人之间进行分配。

◆只要相互谦让，就可以做到大体合理；如果互不相让，或者搞平均主义，或者先下手为强，把什么都据为己有，那就势必闹得不好收拾，伤害感情，甚至结为冤家。

◆相互谦让，这就要求各自消除私心杂念，提倡谦让，问题就能顺利、圆满地解决。

后记

《幸福家庭心理学》在这里终于同大家见面了。

家是社会的细胞，家也是每一个人幸福的港湾。

无论你生得美丑、生活得怎么样，只要你为自己的家付出了爱，就一定会感受到来自家的温暖和感动！

《幸福家庭心理学》揭示了一个美好家庭的诸多生活的秘密。它不再是愿景，而是你曾经的付出，现在的拥有。

家和万事兴，一个好的家庭必然会有一位好母亲，一位好母亲才能经营出一个好的家庭；一个好父亲则永远是一个家的希望与栋梁；一个好孩子又是一个好家庭幸福的厚望和传承。

大家好才是真的好。

希望每一个家庭成员与亲人之间都有一个好关系，都有好身体、好心灵、好事业！

如何让家庭更幸福才是我们生活中最有价值的秘密，而不是仅仅祈求来世多么美好！

今天我在此将《幸福家庭心理学》奉献给你，希望每一位朋友都生活幸福，每一个家庭都美满甜蜜！

《幸福家庭心理学》在是在我的讲学之余匆匆而就，书中存在需要改进的地方在所难免，还望各位读者朋友不吝指教，以使我不断进步！

《幸福家庭心理学》写作过程中得到了很多朋友的认可，也得到了我的学员、我的爱人、我的家人的陪伴和支持，在此一并表示由衷的感谢！

刘凤鸣于上海交通大学 2018 年 7 月 21 日晚